Grundwissen Geschichte

Von der Vorgeschichte bis zur Gegenwart

Impressum

Grundwissen Geschichte

Der Band wurde erarbeitet von
Susanna Heim-Taubert, Hans-Otto Regenhardt, Dr. Carola Tischler

Verlagsredaktion: Friederike Terpitz, Ralf Kasper
Grafiken: Peter Herlitze, Berlin
Karten: Carlos Borrell, Berlin
Layout und technische Umsetzung: Jürgen Brinckmann, Berlin
Umschlaggestaltung: Klein & Halm Grafikdesign, Berlin

www.cornelsen.de

Die Links zu externen Webseiten Dritter, die in diesem Lehrwerk angegeben sind,
wurden vor Drucklegung sorgfältig auf ihre Aktualität geprüft. Der Verlag übernimmt
keine Gewähr für die Aktualität und den Inhalt dieser Seiten oder solcher,
die mit ihnen verlinkt sind.

1. Auflage, 7. Druck 2014

Alle Drucke dieser Auflage sind inhaltlich unverändert
und können im Unterricht nebeneinander verwendet werden.

© 2008 Cornelsen Verlag, Berlin
© 2013 Cornelsen Schulverlage GmbH, Berlin

Das Werk und seine Teile sind urheberrechtlich geschützt.
Jede Nutzung in anderen als den gesetzlich zugelassenen Fällen bedarf
der vorherigen schriftlichen Einwilligung des Verlages.
Hinweis zu den §§ 46, 52 a UrhG: Weder das Werk noch seine Teile dürfen ohne eine
solche Einwilligung eingescannt und in ein Netzwerk eingestellt oder sonst öffentlich
zugänglich gemacht werden.
Dies gilt auch für Intranets von Schulen und sonstigen Bildungseinrichtungen.

Druck: Stürtz GmbH, Würzburg

ISBN 978-3-06-064735-4

PEFC zertifiziert
Dieses Produkt stammt aus nachhaltig
bewirtschafteten Wäldern und kontrollierten
Quellen.
www.pefc.de

So arbeitest du mit diesem Buch

Liebe Schülerin, lieber Schüler!

Vor dir liegt Grundwissen Geschichte. In dem Band sind noch einmal die wichtigsten Fakten, Daten und Begriffe von den Anfängen bis zur Gegenwart zusammengefasst. Das soll dir helfen, deine erworbenen Geschichtskenntnisse zu wiederholen, zu überprüfen und eventuelle Wissenslücken zu schließen.

Grundwissen
Zu Beginn eines Kapitels fasst ein kurzer Text das Wichtigste zusammen. Die Grundwissensbegriffe aus dem Kapitel werden wiederholt und helfen dir, den Text zu verstehen. Außerdem kannst du dich mithilfe einer Zeitleiste über die wichtigsten Entwicklungen und Ereignisse informieren. Auf den darauf folgenden Grundwissensseiten findest du zur Wiederholung eine Zeittabelle sowie wichtige Karten, Grafiken und Biographien.

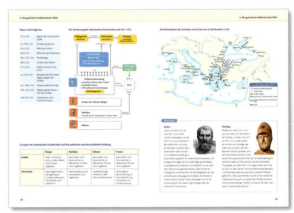

Methoden
Am Ende des Buches werden die Methoden, die du bisher im Geschichtsunterricht kennen gelernt hast, mit ihren Arbeitsschritten aufgeführt und z. T. Hinweise zur Lösung gegeben.

Die CD-ROM
Mit der beiliegenden CD-ROM kannst du anhand von Übungen und Rätseln deine Kenntnisse noch einmal überprüfen.

Anhang
Das alphabetische Register am Ende des Buches hilft dir, die Grundbegriffe und Biographien im Buch schnell zu finden.

Inhalt

So arbeitest du mit diesem Buch 3

Einführung 6

Grundwissen

1. Menschen in vorgeschichtlicher Zeit 8
2. Ägypten – eine frühe Hochkultur 12
3. Die griechisch-hellenistische Welt 16
4. Das Imperium Romanum 20
5. Von der Antike zum Frankenreich 24
6. Herrschaft im mittelalterlichen Europa 28
7. Lebensformen im Mittelalter 32
8. Europa am Ende des Mittelalters 36
9. Neues Denken – Neue Welt 40
10. Absolutismus und Aufklärung 44
11. Die Französische Revolution 48
12. Restauration und Revolution in Europa 52
13. Die Industrialisierung 56
14. Das Deutsche Kaiserreich 60
15. Imperialismus und Erster Weltkrieg 64
16. Die Weimarer Republik 68
17. Nationalsozialismus und Zweiter Weltkrieg 72
18. Die Welt im Kalten Krieg 76
19. Deutschland nach 1945 80

Inhalt

Methodenübersicht

Bilder als Quelle 84

Schriftliche Quellen entschlüsseln und vergleichen 84

Geschichtskarten lesen 84

Historische Karten lesen und vergleichen 85

Kunstwerke entschlüsseln 85

Mit Grafiken und Schaubildern arbeiten 85

Eine Exkursion durchführen 86

Zeitzeugen befragen 86

Experten befragen 86

Das Internet nutzen 87

Informationen aus dem Internet bewerten 87

Eine Bibliothek benutzen 87

Informationen präsentieren 88

Einen Historienfilm untersuchen 88

Ein Denkmal interpretieren 88

Symbole deuten 89

Texte aus Jugendbüchern erarbeiten 89

Einen historischen Sachverhalt klären 89

Anhang

Register 90

Bildquellen 91

Die CD-ROM 92

Einführung

Antike
Mit dem Ausdruck Antike bezeichnet man allgemein die politische Geschichte des klassischen Altertums. Damit werden aber nicht nur die besonderen Ereignisse der griechischen (und römischen) Geschichte angesprochen, sondern auch die hervorragenden kulturellen Leistungen dieser Völker, wie z. B. deren Literatur und Philosophie, die bis in unsere Gegenwart hinein wirken.

Mittelalter
Bezeichnung für den Zeitraum zwischen Antike und Neuzeit. Das Ende des Weströmischen Reichs 476 n. Chr. und die Gründung des Frankenreichs um 500 bedeutet für viele Historiker den Beginn des Mittelalters. Es endet um 1500 in einer Zeit religiöser Umwälzungen (1517 Reformation), wichtiger Erfindungen und der Entdeckung Amerikas (1492).

Neuzeit
Die Fortschritte, die im 14. und 15. Jahrhundert erreicht wurden, veranlassten Historiker im 19. Jahrhundert dazu, die Zeit ab etwa 1500 als Neuzeit zu bezeichnen. Es handelt sich hier um die Benennung der Epoche, die auf die Antike und das Mittelalter folgt. Dabei geht man von der Auffassung aus, dass die Entwicklung eines neuen Menschenbildes (Renaissance und Humanismus), die Erfindung des Buchdrucks, die Entdeckungen und die Reformation die Grundlagen der modernen Zeit darstellen.

Die Menschen leben in der Zeit
Die Zeit spielt im Leben des Einzelnen eine wichtige Rolle, auch das Leben von Völkern und die Entwicklung von Staaten ist der Zeit unterworfen. In der Erdgeschichte ist die Zeitspanne eines Menschenlebens nahezu unbedeutend. Beim einzelnen Menschen reicht das Bewusstsein von der Zeit nur in die Jahre des eigenen Lebens zurück. Den Zeitraum des Erdalters von 4,5 bis 5 Milliarden Jahren können wir uns eigentlich nicht mehr vorstellen. Sich in der Zeit zu orientieren haben Menschen vermutlich schon sehr lange versucht, z. B. durch Beobachtung der Sterne und Planeten. Mit Jahreszahlen und Epocheneinteilungen wird das Vergangene, „die Geschichte", gegliedert.

Jahreszahlen
Wer sich mit der Geschichte beschäftigt, muss das, was „früher" war, genau ordnen. Die wichtigsten Ordnungshilfen sind Jahreszahlen und Epochen.
Im christlichen Europa stellt die Geburt von Jesus Christus den Festpunkt dar, von dem aus gezählt wird: Wir rechnen in Jahren „vor Christi Geburt" (v. Chr.) und „nach Christi Geburt" (n. Chr.). Andere Kulturen haben andere Festpunkte. Der jüdische Kalender beginnt mit der Weltschöpfung, die er in das Jahr 3761 v. Chr. legt. Im Islam beginnt die Zeitrechnung mit der Flucht Mohammeds aus Mekka 622 n. Chr.

Epochen in der Geschichte
Die Vorgeschichte beginnt mit den Anfängen der Menschheit und endet mit den ersten Funden schriftlicher Überlieferungen (um 3000 v. Chr.). Dann folgt die **Antike** (bis etwa 500 n. Chr.). Sie umfasst vor allem die griechische und die römische Geschichte. Das **Mittelalter** steht zwischen Antike und **Neuzeit** (ca. 500 n. Chr. bis 1500 n. Chr.). Die Neuzeit beginnt um 1500 und reicht bis in die Gegenwart.

▶ Entstehung der Erde

▶ Erdaltertum

vor ca. 5 Mrd. Jahren

570–230 Mio. Jahre v. Chr.

Einführung

Mythos und Wissenschaft

Menschen haben immer wieder über die Entstehung der Welt und ihre eigene Herkunft nachgedacht. Darüber sind aus verschiedenen Kulturen und Religionen viele Geschichten überliefert, die „Mythen" genannt werden. Mythen werden von Generation zu Generation mündlich weitergegeben. Sie erzählen zum Beispiel von der Entstehung der Welt, von Göttern und ihrer Macht, ihren Taten und Schöpfungen.

Die Wissenschaft betrachtet Mythen als „Geschichten", die nicht beweisbar sind. Für die Menschen in der Geschichte hatten sie aber durchaus große Bedeutung. Mit ihrer Hilfe konnten sie sich die Welt besser erklären und waren sich sicher, von bestimmten Göttern beschützt zu werden.

Bei der Suche nach Erklärungen für die Entstehung der Menschen wurden Mythen immer mehr durch wissenschaftliche Erklärungen verdrängt, die auf historischen Quellen beruhen.

Quellen

Geschichtliche (historische) Quellen sind Überlieferungen, aus denen wir Kenntnisse über das Vergangene gewinnen können. Mithilfe der Quellenkritik werden Quellen in ihren historischen Zusammenhang gestellt. Es werden verschiedene Arten von Quellen unterschieden:
– Überreste, z. B. Gebäude, Schmuck, Werkzeuge
– schriftliche Quellen, z. B. Urkunden, Akten, Rechtssammlungen, Briefe, Großmutters Kochbuch
– mündliche Quellen, z. B. erzählte Lebenserinnerungen, Sagen, Volkslieder
– Bildquellen, z. B. Gemälde, Zeichnungen, Drucke, Fotos, Filme, Videos, CD-ROM
– Traditionen, z. B. religiöse Feste, Volksfeste, Bräuche

230–65 Mio. Jahre v. Chr.	seit 65 Mio. Jahren	vor ca. 4–5 Mio. Jahren
▶ Erdmittelalter	▶ Erdneuzeit	▶ Auftreten des Vormenschen

1. Menschen in vorgeschichtlicher Zeit

Frühmensch
Frühmenschen bzw. Urmenschen, wie Homo habilis und Homo erectus, traten vor etwa 2 Millionen Jahren auf. Sie stellten einfache Werkzeuge her. Der Homo erectus nutzte das Feuer.

Archäologie
Die Archäologie (griech. Altertumskunde) ist eine Wissenschaft, die sich mit Überresten aus Ausgrabungen beschäftigt. Erst seit etwa 5000 Jahren gibt es schriftliche Quellen. Wenn wir über die Zeit davor etwas erfahren wollen, sind wir auf Erkenntnisse der Archäologen angewiesen. In der Archäologie werden die Forschungserkenntnisse auch mithilfe naturwissenschaftlicher Methoden und moderner Technik gewonnen.

Nomadentum
Lebens- und Wirtschaftsweise von Jäger- und Hirtenvölkern. Sie wohnen an keinem festen Ort und leben von Wildtieren oder Zuchtviehherden. Das Nomadentum war die bestimmende Lebensweise der Menschen in der Altsteinzeit.

Altsteinzeit
Die Altsteinzeit (= Paläolithikum) ist die älteste und längste Epoche in der Geschichte der Menschen. Sie begann vor etwa 2 Millionen Jahren in Afrika und dauerte bis zum Ende der letzten Eiszeit um 9000 v. Chr.

Spuren der ersten Menschen
Die ältesten Spuren des Menschen sind rund vier Millionen Jahre alt, die des **Frühmenschen** etwa zwei Millionen Jahre. Der heutige Mensch (= Jetztzeitmensch oder Homo sapiens sapiens) entwickelte sich allerdings erst vor 150 000 Jahren im warmen Klima Afrikas. Nach Europa kam er vor etwa 40 000 Jahren. Herausgefunden wurde dies durch Ausgrabungen und naturwissenschaftliche Untersuchungen in der **Archäologie**.

Leben in der Altsteinzeit
In der Altsteinzeit, die vor etwa zwei Millionen Jahren begann, lebten die Menschen als **Nomaden** von dem, was die Natur ihnen bot. Sie sammelten Essbares und jagten Tiere. Bot ein Ort ihnen nicht mehr genügend Nahrung, zogen sie weiter. In die Natur griffen sie kaum ein. Sie stellten Werkzeuge aus Stein (Feuerstein, Quarz), Knochen und Holz her. Der Faustkeil gilt als das am weitesten verbreitete Steinwerkzeug.

Die Menschen lebten in Gruppen zusammen und nutzten erstmals das Feuer. Höhlenfunde zeigen aber auch, dass die Menschen künstlerisch tätig waren: So stellten sie zum Beispiel kleine Figuren her und malten Felsbilder.

In der Altsteinzeit wechselte das Klima mehrmals zwischen Warm- und Kaltzeiten. Mit dem Ende der letzten Eiszeit um 9000 v. Chr. ging diese Epoche der Menschheitsgeschichte zu Ende.

▶ Altsteinzeit, Auftreten des Frühmenschen, Faustkeil

▶ Auftreten des Jetztzeitmenschen in Afrika

▶ Auftreten des Jetztzeitmenschen in Europa

2 Mio. Jahre v. Chr. — 150 000 Jahre v. Chr. — 40 000 Jahre v. Chr.

1. Menschen in vorgeschichtlicher Zeit

Leben in der Jungsteinzeit

Seit etwa 10 000 v. Chr. im Vorderen Orient und 5500 v. Chr. in Mitteleuropa veränderten die Menschen ihre Lebensweise: Sie lebten als Ackerbauern und Viehzüchter in dorfähnlichen Siedlungen (Übergang zur Sesshaftigkeit). Die grundlegenden Veränderungen erfolgten innerhalb nur weniger Jahrhunderte, sodass Wissenschaftler sie als „**neolithische Revolution**" (Neolithikum = **Jungsteinzeit**) bezeichnen. Die Menschen der Jungsteinzeit griffen in die Natur ein, um sie für ihre Zwecke zu nutzen. Sie rodeten Wälder, züchteten Pflanzen, zähmten und züchteten Tiere und dehnten ihre Acker- und Weideflächen immer mehr aus. Ausgrabungen haben aber gezeigt, dass sich die Menschen auch an ihre natürliche Umgebung anpassten, zum Beispiel in der Bauweise ihrer Häuser und der Anlage der Felder.

Freigelegte Grundrisse von Häusern und große Gräberfelder zeigen, dass die Menschen in größeren Gemeinschaften lebten. Aus dem Zusammenleben entwickelte sich vermutlich eine Arbeitsteilung zwischen Männern, Frauen und Kindern und eine Spezialisierung in der bäuerlichen und handwerklichen Arbeit.

Metallzeit in Europa

Die Gewinnung von Metallen aus Erzen gelang mit dem Kupfer zuerst im Vorderen Orient ab etwa 6000 v. Chr. Eine Mischung aus Kupfer und Zinn erwies sich als härteres Metall: die Bronze. Sie eignete sich zum Beispiel für die Herstellung von Geräten und Waffen. Eisen, schwieriger zu gewinnen und zu verarbeiten, war jedoch wesentlich härter als Bronze und fand sich in seiner Vorform, dem Eisenerz, an vielen Stellen in Europa.

Nach dem Vorherrschen eines bestimmten Werkstoffes wie Bronze bzw. Eisen wird in der Forschung von „Bronzezeit" (etwa 1800 bis 1000 v. Chr.) und von „Eisenzeit" (ab ca. 1000 v. Chr.) gesprochen.

Neolithische Revolution

In der Jungsteinzeit änderte sich das Leben der Menschen grundsätzlich. Die Menschen lebten nicht mehr nur vom Sammeln und Jagen, sondern ernährten sich auch von Ackerbau und Viehzucht. Sie wurden zunehmend sesshaft und wohnten in festen Siedlungen. Die radikale Änderung der Lebensweise wird Neolithische Revolution genannt.

Jungsteinzeit

Die Epoche der Jungsteinzeit (= Neolithikum) begann nach dem Ende der letzten Kaltzeit im Vorderen Orient um 9000 v. Chr., in Mitteleuropa um 5500 v. Chr., und endete um 1800 v. Chr. Merkmale der Jungsteinzeit: verfeinerte Steinwerkzeuge und -geräte, befestigte Siedlungen, Haustierhaltung, Ackerbau mit vom Rind gezogenem Pflug, Tongefäße- und Keramikproduktion.

Metallzeit: Bronzezeit/Eisenzeit

Die neuen Werkstoffe aus Metall veränderten das Leben der Menschen sehr stark. Deshalb benennen wir diese geschichtlichen Zeiträume nach dem bevorzugten Metall für Geräte, Werkzeuge und Waffen als Bronzezeit (in Mitteleuropa zwischen 1800 und ca. 1000 v. Chr.) bzw. als Eisenzeit (ab ca. 1000 v. Chr.).

Schöpfung

In vielen Religionen (Christentum, Judentum, Islam, Naturreligionen wie die der Indianervölker) gibt es Schöpfungsgeschichten, die versuchen, die Entstehung der Erde und des Menschen zu erklären. Meistens ist die Schöpfung das Werk eines Gottes, der wie ein Handwerker (z. B. Töpfer oder Schmied) die Erde und die Lebewesen formt oder die Entstehung der Erde durch seine Worte bewirkt.

▶ Jungsteinzeit im Vorderen Orient, Neolithische Revolution

▶ Jungsteinzeit in Mitteleuropa; Metallzeit im Vorderen Orient

▶ Metallzeit in Mitteleuropa

9000 v. Chr.　　　5500 v. Chr.　　　1800 v. Chr.

1. Menschen in vorgeschichtlicher Zeit

Stationen in der Entwicklung des Menschen

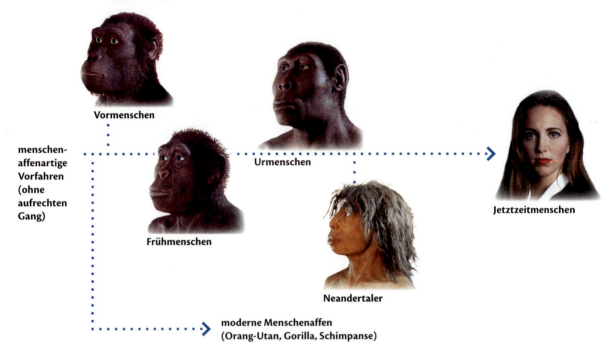

Fundstätten und Verbreitung des heutigen Menschen (= Jetztzeitmenschen)

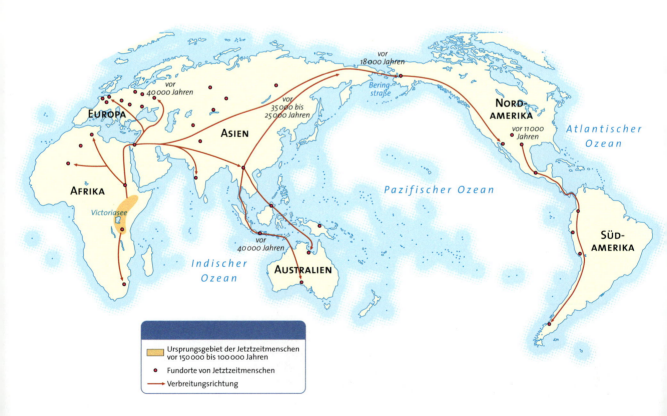

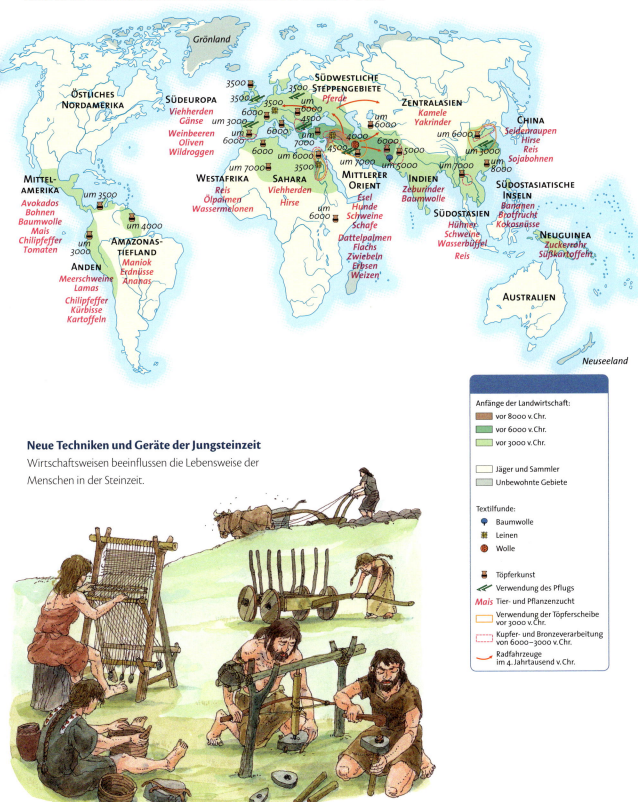

2. Ägypten – eine frühe Hochkultur

Hochkultur

Die ersten Hochkulturen entstanden ab etwa 3000 v. Chr. in Ägypten und den sumerischen Stadtstaaten in Mesopotamien. Merkmale einer Hochkultur sind: ein Staat mit zentraler Verwaltung und Regierung, Religion, Arbeitsteilung, Kenntnis einer Schrift, Zeitrechnung, Kunst, Architektur, Anfänge von Wissenschaft und Technik. Hochkulturen entwickelten sich häufig an großen Flüssen (Nil, Euphrat und Tigris, Indus, Hwangho).

Pharao

Die königlichen Herrscher Ägyptens wurden Pharaonen genannt. Ihre besondere Stellung an der Spitze des Staates wurde mit außergewöhnlichen Fähigkeiten begründet. Nach der Vorstellung der Ägypter galt ein Pharao als übermenschliches Wesen. Deshalb wurde er wie ein Gott verehrt (Gottkönig).

Staat, Verwaltung

Als Staat wird eine Form des Zusammenlebens bezeichnet, bei der eine Gruppe von Menschen – das Volk – in einem abgegrenzten Gebiet nach einer bestimmten Ordnung lebt. Der ägyptische Staat gilt als einer der ersten Staaten, die wir kennen.
In jedem Staat gibt es Menschen, die den Staat verwalten. Die Verwaltung des ägyptischen Staates übernahmen Beamte. Sie trieben zum Beispiel Steuern ein und überwachten den Bau der Tempel. Auch wir haben eine Verwaltung mit Dienststellen (Behörden) und Staatsbediensteten (Beamte, Angestellte).

Ägypten – eine Hochkultur

Mit dem Ende der letzten Eiszeit um 9000 v. Chr. hatten sich die Menschen aus der allmählich austrocknenden Wüste an die wasserreichen Ufer des Nils zurückgezogen. Um die Überschwemmungen des Nils in den Griff zu bekommen, schlossen sie sich in Dorfgemeinschaften zusammen.

Im Lauf der Zeit entdeckten die Ägypter, dass es von einer Nilüberschwemmung bis zur nächsten 365 Tage dauerte. Aus dieser Erkenntnis entwickelten sie den Kalender.

Sie bauten Deiche und Bewässerungsanlagen und nutzten das lebenspendende Wasser des Nils für die Landwirtschaft. Bald ernteten sie mehr, als sie zum Leben benötigten. Die Nahrungsüberschüsse legten sie in Vorräten an. Die Folge war, dass nicht mehr alle Bewohner eines Dorfes in der Landwirtschaft arbeiten mussten. Durch die Arbeitsteilung entstanden neben den Bauern neue Berufsgruppen wie Handwerker und Händler.

Seit dem Beginn des 3. Jahrtausends v. Chr. entstand in Ägypten eine der ersten bekannten **Hochkulturen**.

Ein Flächenstaat entsteht

Die immer größer werdenden Gemeinschaftsaufgaben und die Versorgung der Menschen mussten geregelt werden. In Ägypten entstand ein Staat, in dem jeder seinen Platz in einer festen Rangordnung einnahm. An der Spitze stand der **Pharao**.

Der Wesir als Stellvertreter des Pharaos und schriftkundige Beamte verwalteten das Land. Sie herrschten über Bauern, Handwerker, Arbeiter und Sklaven. Als wichtiges Hilfsmittel für die **Verwaltung ihres Staates** erfanden die Ägypter um 3000 v. Chr. die **Hieroglyphenschrift**.

▶ frühe Hochkultur in Ägypten

▶ Blüte der altägyptischen Kultur

3000 v. Chr.

um 2000 bis 1700 v. Chr.

2. Ägypten – eine frühe Hochkultur

Frauen in der ägyptischen Gesellschaft

Die Frauen im alten Ägypten waren den Männern im gesellschaftlichen Leben weitgehend gleichgestellt. Frauen vertraten sich vor Gericht selbst und durften eigenes Vermögen besitzen. Sie waren in vielen Berufen zu finden. So arbeiteten sie als Spinnerinnen, Richterinnen, Hebammen und vereinzelt auch als Ärztinnen. In Ausnahmefällen konnten Frauen auch Priesterin oder Pharao werden. Dennoch war die Hausarbeit allein Frauensache. So halfen den verheirateten Frauen beim Kornmahlen, Brotbacken, Wäschewaschen und Kleidernähen nur Töchter oder andere weibliche Verwandte. Dennoch verfügten sie insgesamt über größere Freiheiten als später die Frauen im antiken Griechenland und im Römischen Reich.

Die Religion der Ägypter

Die Ägypter glaubten an eine Vielzahl von Göttinnen und Götter. Man nennt dies **Polytheismus**. Eine Göttin wird in der neueren Forschung besonders hervorgehoben: die Maat (sprich Ma-at). Maat steht für Wahrheit, Gerechtigkeit und Ordnung. Herr der Maat war der Schöpfer- und Sonnengott Re. Da die Pharaonen seit etwa 2500 v. Chr. als Söhne des Re galten, wurden sie von den Ägyptern wie Götter verehrt. An die Pharaonen erinnern noch heute die **Pyramiden**, die Grabmäler für die ägyptischen Könige.

Die Ägypter glaubten erstens, ihr Leben hinge von der Gunst des göttlichen Pharaos ab, und zweitens, jeder Mensch würde nach dem Tode weiterleben, auch der Pharao. Es konnte daher nur gut für das eigene Seelenheil sein, durch Mitarbeit an den Pyramiden ein Stück von der Gunst des Pharaos zu erlangen. Deshalb gehen Geschichtsforscher heute davon aus, dass sich die meisten Menschen trotz der großen Strapazen freiwillig am Bau der Pyramiden beteiligten.

Hieroglyphen

Als Schriftzeichen benutzten die Ägypter Hieroglyphen. Das sind kleine Bilder und Symbole, die mit Pinsel und Tinte auf Papyrusblätter gezeichnet oder in andere Materialien (z. B. Leder, Holz oder Stein) eingeritzt wurden. Erst vor etwa 200 Jahren gelang es, die Hieroglyphenschrift zu entschlüsseln.

Polytheismus/Monotheismus – Judentum

Mit Polytheismus bezeichnet man Religionen, in denen mehrere Götter verehrt werden. Ihnen wurden unterschiedliche Aufgaben zugeschrieben. Die ägyptische Religion ist ein Beispiel für diese Glaubensauffassung. Dagegen wird in monotheistischen Religionen nur ein Gott anerkannt.
Das Judentum ist die erste dieser monotheistischen Religionen. Das Christentum und der Islam haben diesen Grundsatz vom Judentum übernommen.

Pyramiden

An erster Stelle der sieben Weltwunder werden allgemein die ägyptischen Pyramiden genannt. Es handelt sich dabei um Grabmäler für die Pharaonen. Die Cheopspyramide ist mit einer Höhe von heute 137 Metern die mächtigste Steinkonstruktion der Welt. Bisher ist nicht genau geklärt, mit welchen Techniken die Ägypter diese gewaltigen Bauwerke errichtet haben.

Ägypten wird römische Provinz

30 v. Chr.

2. Ägypten – eine frühe Hochkultur

Daten und Ereignisse

um 3000 v. Chr.	Hochkultur in Ägypten (Flächenstaat, Hieroglyphenschrift)
um 2500 v. Chr.	Bau der ägyptischen Pyramiden
um 1700 v. Chr.	Einwanderung israelitischer Stämme nach Ägypten
um 1200 v. Chr.	Flucht der Israeliten aus Ägypten unter Moses
um 1000 v. Chr.	Entstehung eines einheitlichen Königtums in Palästina
um 30 v. Chr.	Ägypten wird römische Provinz

Der Aufbau der ägyptischen Gesellschaft

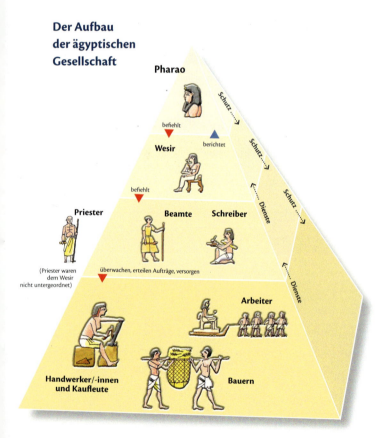

Ägypten um 1150 v. Chr.

2. Ägypten – eine frühe Hochkultur

Querschnitt durch das Niltal

> **Biographie**

Pharao Tutanchamun

Tutanchamun war ein ägyptischer König der 18. Dynastie (um 1346–1337 v. Chr.). Er wurde als 9-Jähriger zum Pharao ernannt und kehrte zur herkömmlichen Götterverehrung zurück (Aufgabe der Sonnenreligion). Im zweiten Amtsjahr beschloss Tutanchamun auf Drängen seiner Berater und der Amun-Priester, die Hauptstadt von Achet-Aton zurück nach Memphis zu verlegen. Die Maske der Mumie (Gold mit Einlagen) wurde zusammen mit anderen kostbaren Grabbeigaben 1922 von dem britischen Archäologen Howard Carter im Tal der Könige entdeckt. Als Herrschaftszeichen trägt Tutanchamun den Krummstab und die Geißel wie der Gott Osiris.

Hatschepsut

Hatschepsut (1490–1468 v. Chr.) regierte zunächst als Vormund ihres Stiefsohnes Thutmosis III., dann als Königin; sie unternahm Handelsreisen und ließ Tempel bauen. Hatschepsut ist nach der Überlieferung die einzige Frau, die sich als männlicher Pharao darstellen ließ.

König Echnaton mit seiner Familie beim Opfer vor Aton

Der Pharao Amenophis IV. regierte von 1363 bis 1346 v. Chr. Er setzte Aton, die Leben spendende Sonne, als einzige Gottheit ein, ließ alle Tempel schließen und änderte seinen Namen in Echnaton („Der Aton gefällt"). Er scheiterte jedoch bei den Ägyptern. Der nächste Pharao Tutanchamun stellte die alten Zustände wieder her. Die Schriftzeichen auf dem Stein sind Hieroglyphen.

3. Die griechisch-hellenistische Welt

Polis
Das griechische Wort polis (Pl.: Poleis) heißt übersetzt „Stadtstaat". Im Gegensatz zu einem Flächenstaat (zum Beispiel dem alten Ägypten) bezeichnet die Polis einen Staat im Altertum, der auf eine Stadt und ihre nähere Umgebung begrenzt war. Ihre Einwohner verstanden sich als eine Gemeinschaft. Jede Polis war wirtschaftlich und politisch selbstständig. Eine übergeordnete Regierung gab es nicht.

Olympische Spiele
Sportliche Wettkämpfe von griechischen Männern aus allen Landesteilen, die seit 776 v. Chr. alle vier Jahre zu Ehren des Göttervaters Zeus in Olympia stattfanden und für das Zusammengehörigkeitsgefühl eine große Bedeutung hatten. Im 5. Jahrhundert n. Chr. wurden die „heidnischen" Spiele abgeschafft; erst 1896 kam es zu den ersten Olympischen Spielen der Neuzeit.

Kolonisation
Mangel an fruchtbarem Boden und Übervölkerung in ihrer Heimat führten dazu, dass sich die Griechen an den Küsten des Mittelmeeres und des Schwarzen Meeres ausbreiteten. Dieser Vorgang begann bereits im 8. Jahrhundert v. Chr. und dauerte mehrere Jahrhunderte. Trotz der räumlichen Entfernung blieben die Kolonien durch Handelsbeziehungen und die gemeinsame Kultur mit ihrer Heimat verbunden.

Aristokratie
Nach den griechischen Wörtern aristoi (= die Besten) und kratein (= herrschen) die Bezeichnung dafür, dass die Herrschaft in einem Staat von einer adligen Oberschicht ausgeübt wird.

Die frühen Griechen
Wie im alten Ägypten und in Mesopotamien waren auch im frühen Griechenland die Lebensweise und die politische Entwicklung stark von den Umweltbedingungen abhängig.

Durch die vielen Gebirge waren die Dörfer der Griechen untereinander schwer erreichbar. Es bildeten sich im Unterschied zum Flächenstaat Ägypten kleine selbstständige Herrschaftsgebiete, die **Poleis**.

Obwohl sich die Stadtstaaten getrennt voneinander entwickelten, entstand im Laufe der Zeit ein starkes Zusammengehörigkeitsgefühl unter den Griechen. Ihre Einheit stützte sich auf eine gemeinsame Sprache und seit dem 8. Jh. v. Chr. auf eine gemeinsame Schrift. Sie fühlten sich außerdem durch ihren Glauben an dieselben Götter verbunden. Wichtig waren den Griechen besonders ihre religiösen Feste und Wettkämpfe, wie zum Beispiel die **Olympischen Spiele**.

Vom 8. bis zum 6. Jh. v. Chr. gründeten viele Stadtstaaten im Mittelmeergebiet **Kolonien**, die sich nach dem Vorbild ihrer Mutterstädte entwickelten.

Die griechischen Stadtstaaten
Die bekanntesten Stadtstaaten waren Sparta und Athen. In Sparta war das Leben der Bevölkerung durch den Staat geregelt. Die Spartiaten, Männer und Frauen, erhielten von Kindheit an eine militärische Ausbildung. Die Bewohner eroberter Gebiete mussten als rechtlose Heloten für die Spartiaten arbeiten.

In Athen herrschte bis zum 7. Jh. v. Chr. der Adel, die **Aristokratie**. 594 v. Chr. begann mit den Gesetzen des Politikers Solon in Athen die Entwicklung zur Staatsform der Demokratie. Alle Bürger wurden zur Volksversammlung zugelassen. Nach weiteren Reformen durch den Politiker Kleisthenes 508 v. Chr. wurde schließlich um 450 v. Chr. die demokratische Verfassung Athens vollendet: Der Politiker Perikles sicherte allen männlichen Bürgern politische Mitsprache zu. Alle Männer konnten sich an den Beschlüssen der Polis beteiligen und hatten durch Los Zugang zu allen Ämtern. Frauen aber waren in Athen von der Politik ausgeschlossen.

Antike	Mykenische Hochkultur	Einwanderung griechischer Stämme	Entstehung der griechischen Stadtstaaten
seit ca. 2000 v. Chr.	1500 bis um 1200 v. Chr.	seit 1100 v. Chr.	900 bis 700 v. Chr.

3. Die griechisch-hellenistische Welt

Demokratie und kulturelle Blüte in Athen

Von 490 bis 479 v. Chr. führten die griechischen Stadtstaaten gemeinsam Krieg gegen das Persische Reich. Durch einen Sieg der Athener Flotte konnten sie am Ende ihre Freiheit behaupten. Danach wurde Athen zur wichtigsten See- und Handelsmacht Griechenlands. Durch die Bundeskasse des Delisch-Attischen Seebundes und den blühenden Seehandel mit allen griechischen Kolonien floss viel Geld in die Stadt. Die Waren, die Athen für den Export brauchte, wurden von der großen Bevölkerungsgruppe der Metöken und **Sklaven** hergestellt.

Die **Blütezeit Athens** begann im 5. Jahrhundert v. Chr. Es entstanden große Bauwerke und bedeutende Kunstwerke. Athener erfanden das Theater und verfassten die ersten Tragödien und Komödien. Weltbekannt wurden die Epen **Ilias** und **Odyssee** des Dichters Homer. Philosophen legten mit ihren Ideen über die Welt und das menschliche Handeln die Grundlage für die modernen Wissenschaften.

Hellenismus

Das Zeitalter des **Hellenismus** begann mit der Herrschaft Alexanders des Großen. Seit 334 v. Chr. führte er einen Feldzug gegen die Perser, der ihn innerhalb von zehn Jahren zum Herrscher über ein großes Weltreich machte. Als Gebieter über viele Völker wurde Alexander wie ein Gott verehrt. Nach seinem frühen Tod zerfiel sein Reich. In zahlreichen Kämpfen zwischen seinen Nachfolgern bildeten sich schließlich drei große Diadochenreiche (griech. – Nachfolgereiche) heraus. Die Städte wurden zu bedeutenden Handels-, Wirtschafts- und Wissenschaftszentren. Dort breitete sich griechische Lebensweise aus und beeinflusste andere Kulturen.

Die hellenistischen Reiche wurden im 1. Jh. v. Chr. von den Römern erobert. Dennoch sind die Ideen der Griechen in der Antike durch viele Jahrhunderte überliefert worden und beeinflussen unser Leben bis heute.

Sklaverei

Nach griechischem Recht waren Sklaven eine „Sache", über die ihr Besitzer frei verfügen konnte. Sie wurden als Kriegsgefangene in das Land gebracht und konnten gekauft werden (Sklavenmarkt). Meist wurden sie in besonders belastenden Arbeitsbereichen eingesetzt. Ihre Kinder erwartete dasselbe Schicksal.

Blütezeit Athens (5. Jh. v. Chr.)

Die Ausformung der Demokratie machte Athen zu einem Staat, der auch für die modernen Staaten unserer Zeit als Vorbild dienen kann. Nicht ohne Grund stammen die Begriffe Politik (von polis) und Demokratie (von „demos" – das Volk und „kratein" – herrschen) aus dem Griechischen. Politik und Wirtschaft schufen beste Voraussetzungen für ein Staatswesen, das für viele Menschen gute Entfaltungsmöglichkeiten bot. In Kunst und Kultur, Staatslehre, Geschichtsschreibung und Philosophie wurden Werke hervorgebracht, die wir als „klassisch" bezeichnen.

Ilias und Odyssee

Der Dichter Homer gilt als der erste Dichter in Europa. Er lebte in der Zeit zwischen ca. 750 und 650 v. Chr. Als Geburtsort wird die Stadt Smyrna in Kleinasien vermutet. Seine bekanntesten Werke sind die beiden Epen „Ilias" und „Odyssee". Die darin beschriebenen Helden dienten besonders der griechischen Oberschicht als Vorbild.

Hellenismus

Der Begriff Hellenismus (griech. Hellas = Griechenland) bezeichnet eine Epoche der griechischen Geschichte. Sie begann mit der Regierung Alexanders des Großen und dauerte bis zur Eroberung der Diadochenreiche durch die Römer (1. Jh. v. Chr.). In einigen Bereichen beeinflusste die griechische Kultur das Leben in den Städten von Ägypten bis zur Grenze Indiens und vermischte sich mit der Lebensweise der einheimischen Bevölkerung. Diese Mischkultur wird als hellenistische Kultur bezeichnet.

Griechische Kolonisation

um 750 bis 550 v. Chr.

Zeitalter des Hellenismus

um 330 bis 30 v. Chr.

Eroberung hellenistischer Reiche durch die Römer

im 1. Jh. v. Chr.

3. Die griechisch-hellenistische Welt

Daten und Ereignisse

776 v. Chr.	Beginn der Olympischen Spiele
um 700 v. Chr.	Entstehung Spartas
594 v. Chr.	Reformen Solons
508 v. Chr.	Reformen des Kleisthenes
490–479 v. Chr.	Perserkriege
480 v. Chr.	Schlacht bei Salamis
477 v. Chr.	Delisch-Attischer Seebund
um 450 v. Chr.	Blütezeit der Polis Athen; Regierungszeit des Perikles
431–404 v. Chr.	Peloponnesischer Krieg
336–323 v. Chr.	Regierungszeit Alexanders des Großen
148/149 v. Chr.	Makedonien wird römische Provinz.

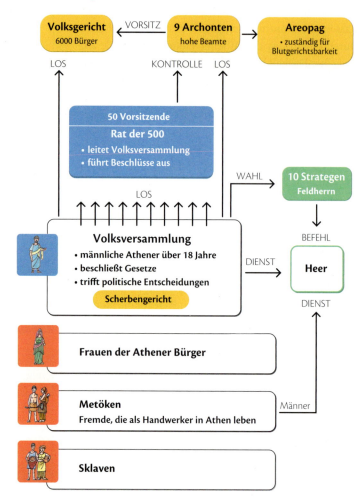

Die Verfassung der athenischen Demokratie nach 461 v. Chr.

Gruppen der athenischen Gesellschaft und ihre politische und wirtschaftliche Stellung

	Bürger	Metöken	Sklaven	Frauen
Politik	Wahl- und Stimmrecht, zu allen öffentlichen Ämtern zugelassen	kein Wahl- und Stimmrecht, zu öffentlichen Ämtern nicht zugelassen	kein Wahl- und Stimmrecht, zu öffentlichen Ämtern nicht zugelassen	kein Wahl- und Stimmrecht, zu öffentlichen Ämtern nicht zugelassen
Wirtschaft	überwiegend selbstständige Bauern (Großgrundbesitzer), Handwerker, auch Tagelöhner	meist Kaufleute und Handwerker, auch Tagelöhner	unselbstständige Arbeiten in allen Wirtschaftsbereichen	überwiegend Beschränkung auf Haushaltsführung, Hausarbeit und Kindererziehung

3. Die griechisch-hellenistische Welt

Die Kolonisation der Griechen vom 8. bis zum 6. Jahrhundert v. Chr.

Biographie

Solon

Solon (um 640 v. Chr. bis nach 561 v. Chr.), athenischer Gesetzgeber, wurde 594 v. Chr. zum Schlichter in den politischen und sozialen Kämpfen zwischen dem athenischen Adel und den in Schuldknechtschaft geratenen Bauern gewählt. Er milderte das Schuldrecht und verfügte eine allgemeine Schuldentilgung. Die Bürgerschaft gliederte er politisch und militärisch in vier nach dem Einkommen gestufte Klassen. Solon führte ein Volksgericht und einen Rat mit 400 Mitgliedern ein, der die Rechte des Areopags einschränkte. Als Dichter erinnerte Solon in seinen Texten die Bürger an ihre Verantwortung für den Staat. Er gilt als Begründer der athenischen Demokratie.

Perikles

Perikles (um 490–429 v. Chr.), war nach 460 v. Chr. ein führender Politiker in Athen. Von 443 bis 429 v. Chr. wurde er jedes Jahr erneut zum Strategen gewählt, also zu einem der zehn Beamten, die das Landheer und die Flotte Athens führten. Unter seiner Führung erreichte Athen die Vormachtstellung im Attischen Seebund. Der attische Geschichtsschreiber Thukydides (um 460–400 v. Chr.) sagte, Athen sei in dieser Zeit nur dem Namen nach eine Demokratie gewesen, in Wirklichkeit habe der erste Mann (nämlich Perikles) geherrscht. Aber auch Perikles musste immer wieder die Volksversammlung für sich gewinnen. Perikles erreichte einen fünfzehnjährigen Frieden mit Sparta, der aber nach seinem Tode wieder zerbrach.

4. Das Imperium Romanum

Vom Dorf zum Weltreich

Im Gegensatz zum sagenhaften Gründungsdatum Roms (753 v. Chr.) zeigen die historischen Befunde, dass schon um 1000 v. Chr. Sabiner und Latiner in das Gebiet des heutigen Roms eingewandert waren. Später kamen die Etrusker, errichteten eine Königsherrschaft und bauten das Dorf zur Stadt aus.

Mit der Vertreibung der etruskischen Könige um 510 v. Chr. wurde Rom eine **Republik**, die von adligen **Patrizierfamilien** regiert wurde. In diesen Familien besaß der Vater als „pater familias" eine große Macht über Ehefrau, Kinder, Sklaven und **Klientel**.

Die Plebejer konnten sich erst im Laufe der Ständekämpfe (ca. 450 bis 287 v. Chr.) Mitspracherechte im Staat erkämpfen – unter anderem, weil die Patrizier in dieser Zeit zahlreiche Kriege führten, für die sie die Plebejer als Soldaten benötigten. Ein erster Erfolg der Plebejer war die schriftliche Veröffentlichung der „Zwölf-Tafel-Gesetze".

Die Kriege, die Rom bis 272 v. Chr. die Vorherrschaft in Italien brachten, sowie die Ständekämpfe veränderten die altrömische Gesellschaft. Es entstand eine neue Oberschicht aus patrizischen und reichen plebejischen Familien: die Nobilität. Sie bestimmte vom **Senat** aus die Entscheidungen der Magistrate und Volksversammlungen. Zwei gewählte **Konsuln** führten die Regierungsgeschäfte. Die Wertvorstellungen des Adels prägten auch das Ansehen der Arbeit in Rom. Danach waren die Tätigkeiten des Politikers, des Kriegers und die selbstständige Arbeit in der Landwirtschaft anerkannt und ehrenhaft. Jede Arbeit, die von Aufträgen und Anweisungen abhing, insbesondere Lohnarbeit, wurde als unwürdig angesehen.

In drei Kriegen gegen Karthago erlangten die Römer im 3. und 2. Jahrhundert v. Chr. die Herrschaft über das westliche Mittelmeer – und bis zum 1. Jahrhundert v. Chr. die Vorherrschaft im Osten.

Republik

In der Geschichte Roms wurde die etruskische Königsherrschaft um 510 v. Chr. durch die Herrschaft des Adels abgelöst. Rom wurde zu einer Republik (lat. res publica = öffentliche Sache, im Gegensatz zur res privata = Sache des Einzelnen). Der Begriff „Republik" bezeichnet eine Staatsform, in der kein König herrscht. Die Macht wird vom Volk oder von einem Teil des Volkes, zum Beispiel von Adligen, ausgeübt.

Patrizier

Die Patrizier bildeten wie die Plebejer einen eigenen Stand, eine gesellschaftliche Gruppe, die durch rechtliche Bestimmungen klar von anderen Gruppen getrennt war. Die Patrizier gehörten dem Geburtsadel an und besaßen nach dem Sturz des Königs zunächst die alleinige Macht.

Klientel

Nichtadlige Römer und ihre Angehörigen waren häufig Abhängige (= Klienten) eines adligen Patrons. Der Patron half in Notlagen (Überfällen, Feuer). Solche Hilfsleistungen übernimmt bei uns der Staat. Die Klienten unterstützten den Patron bei Versammlungen und Wahlen. Sie gehörten zur „familia". Die Beziehung zwischen Patron und Klient wurde vererbt. Klienten lebten jedoch nicht im Hause des Patrons.

Senat

Der Begriff ist von lat. senex = Greis abgeleitet und bedeutet „Rat der Alten". Der Senat hatte in der römischen Republik praktisch die Leitung des Staates in der Hand, rechtlich aber kaum Befugnisse. Die Senatoren wurden durch die beiden gewählten Zensoren, die ehemalige Konsuln sein mussten, bestimmt.

Konsul

Die beiden Konsuln waren die obersten Beamten. Sie wurden von der Volksversammlung gewählt, führten die Regierungsgeschäfte und hatten im Krieg den Oberbefehl. Konsul konnte nur werden, wer über lange politische Erfahrung verfügte.

▸ nach der Sage Gründung Roms

▸ Römische Republik

▸ Ausbreitung der römischen Herrschaft in Italien

753 v. Chr.

510 bis 27 v. Chr.

500 bis 272 v. Chr.

4. Das Imperium Romanum

Expansion und Krise

Roms Aufstieg zur Weltmacht hatte tief greifende Folgen: Die langen Kriege entwurzelten die Masse der Kleinbauern und machten sie zu landlosen Bettlern und Tagelöhnern. Die Oberschicht hingegen wurde durch Beute und Tribute immer reicher. Sklaven kamen durch die vielen Gefangenen massenhaft nach Rom und verdrängten als billige Arbeitskräfte die römischen Tagelöhner. Weil die Zahl der Kleinbauern sank, fehlten zunehmend Soldaten. Die militärische Stärke Roms war gefährdet.

Mehrere Politiker versuchten die Krise zu lösen: die Landreformer Tiberius und Gaius Gracchus, der Heerführer Marius, die **Diktatoren** Sulla und Caesar. Caesar setzte schließlich die republikanischen Traditionen außer Kraft. Nach seiner Ermordung 44 v. Chr. sicherte sich Octavian, der spätere Augustus, die Alleinherrschaft (27 v. Chr.).

Die Kaiserzeit: Leben im Zentrum und in der Provinz

Unter Augustus begann im 1. Jahrhundert v. Chr. mit dem **Prinzipat** der Übergang von der Republik zur Monarchie. Mit ihm begann eine Friedenszeit von fast 200 Jahren, in der Rom ein zusammenhängendes Reich wurde. Das bedeutete für die Menschen eine relative Rechtssicherheit und die Ausweitung des römischen Bürgerrechts.

Die Kaiser regierten das Reich mit seinen 40 Provinzen und zahlreichen Völkern und Sprachen von der Millionenstadt Rom aus. Die Sicherung der Reichsgrenzen lag in den Händen eines gewaltigen Berufsheeres, das überall in den Grenzgebieten stationiert war und durch Wehrbauten wie den **Limes** die Grenzen schützte. Durch die Grenzlegionen und den Bau zahlreicher Provinzstädte fanden Recht und Sprache, Lebensart und Technik der Römer überall im Reich Verbreitung (lateinische Sprache, römische Götter, Theaterbauten, Wasserleitungen, gepflasterte Straßen usw.).

Bis heute beeinflusst Rom unser Leben in Europa: Latein wird heute noch gelehrt; unser Recht basiert auf römischen Grundlagen; städtische Kultur und Verwaltung haben römische Vorläufer.

Diktator
In besonderen Krisenfällen (Krieg, Unruhen) konnte auf Vorschlag des Senats ein Diktator ernannt werden. Seine Amtszeit, die Diktatur, war auf sechs Monate beschränkt. Die Herrschaft der Diktatoren in der späten Republik, wie Sulla und Caesar, ging jedoch in Amtsdauer und Machtfülle weit über das ursprüngliche Amt hinaus. Unter Diktatur wird in unserer Zeit die Ausübung uneingeschränkter Macht durch eine oder mehrere Personen in einem Staat verstanden.

Prinzipat (im 1. Jh. v. Chr.)
„Prinzipat" bedeutet Vorherrschaft und ist abgeleitet von lateinisch princeps: der Erste im Staat. Der Prinzipat wurde als Herrschaftsform von Augustus eingeführt und war nach außen eine Republik, tatsächlich aber eine Monarchie. Augustus beendete den Machtkampf in Rom und setzte dem zerstrittenen Senat den „ersten Bürger" als politische Führung entgegen. Für Augustus und seine Nachfolger wird auch der Begriff „Kaiser" (abgeleitet von Caesar) verwendet.

Limes
(lat. Grenze) Während der römischen Kaiserzeit wurde die Grenze des Reiches durch Wehrbauten, wie Wälle, Gräben, Wachttürme und Kastelle, gesichert. Der obergermanisch-rätische Limes, der die Donau mit dem Main und dem Rhein verbindet, ist mit einer Länge von etwa 550 km das größte europäische Bodendenkmal.

Imperium
(von lat. imperare = befehlen) In Rom verstand man darunter ursprünglich die militärische und zivile Befehlsgewalt der höchsten römischen Beamten (der Konsuln). Später war damit auch die Amtsgewalt eines Provinzstatthalters gemeint sowie allgemein das unter römischer Herrschaft stehende Gebiet (= Imperium Romanum). „Imperialismus" bezeichnet eine Politik, die zum Ziel hat, ein Weltreich aufzubauen und zu sichern.

▶ Kaiserzeit   ▶ Romanisierung der Provinzen   ▶ größte Ausdehnung des Römischen Reiches

0 bis 500 n. Chr.   ab 1. Jh. n. Chr.   117 n. Chr.

4. Das Imperium Romanum

Daten und Ereignisse

753 v. Chr.	nach der Sage Gründung Roms
510 v. Chr.	Rom wird Republik
um 450 v. Chr.	„Zwölf-Tafel-Gesetz"
264–241 v. Chr.	1. Punischer Krieg
241 v. Chr.	Sicilia wird erste römische Provinz.
218–202 v. Chr.	2. Punischer Krieg
149–146 v. Chr.	3. Punischer Krieg
146 v. Chr.	Zerstörung Karthagos
133–123 v. Chr.	Reformen der Gracchen
58–51 v. Chr.	Eroberung Galliens durch Caesar
46–44 v. Chr.	Neuordnung des Staates durch Caesar
44 v. Chr.	Ermordung Caesars
27 v. Chr.–14 n. Chr.	Alleinherrschaft (Prinzipat) des Augustus
seit 90 n. Chr.	Ausbau des römischen Limes

Der Aufbau der römischen „familia"

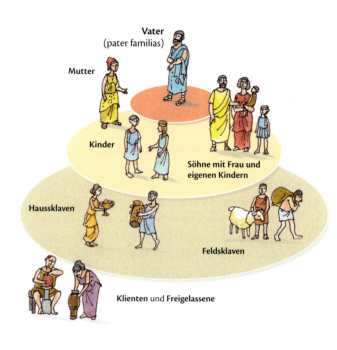

Die Ausbreitung des Römischen Reiches von 220 v. Chr. bis 14 n. Chr.

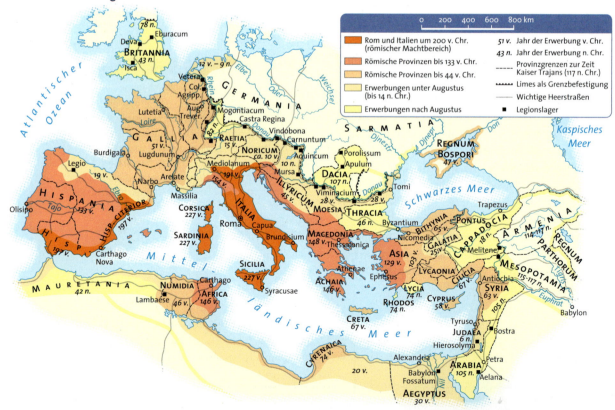

4. Das Imperium Romanum

Die Verfassung der Römischen Republik nach Abschluss der Ständekämpfe

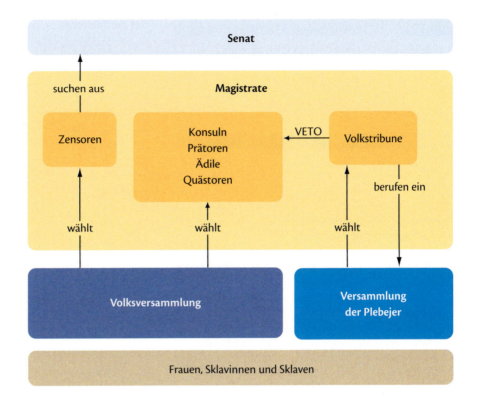

Biographie

Sulla

(138–78 v. Chr.) 88 v. Chr. Konsul; nach militärischen Erfolgen Diktator von 82 bis 79 v. Chr.; beseitigte seine Gegner durch Ächtung, schränkte das Vetorecht der Volkstribunen ein, stärkte die Vorherrschaft des Senats, der für ihn eine vergoldete Reiterstatue auf dem Forum Romanum aufstellen ließ.

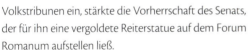

Caesar

(100–44 v. Chr.) beendete die Dreierherrschaft (Triumvirat) durch militärische Ausschaltung seiner beiden Gegner (Gnaeus Pompeius, M. Licinius Crassus); 46 v. Chr. Ernennung zum Diktator für zehn Jahre, 44 v. Chr. auf Lebenszeit; entwertete die Verfassung; königsähnliche Stellung; 44 v. Chr. Ermordung durch seine Gegner.

Octavian/Augustus

(63 v. Chr. bis 14 n. Chr.) setzte sich nach Caesars Tod militärisch durch; stellte 27 v. Chr. die Republik äußerlich wieder her; nannte sich „Princeps", erhielt vom Senat den Ehrennamen „Augustus" (= der Erhabene), herrschte tatsächlich wie ein Monarch. Friedensordnung im Inneren und nach außen. Wird wegen der Sicherung des Friedens im Römischen Reich als Garant einer stabilen Staats- und Gesellschaftsordnung angesehen (Pax Augusta). Dennoch blieben die Spannungen zwischen Friedenserhalt und Weltherrschaft bestehen. Er förderte Kunst und Literatur und bemühte sich, altrömische Lebensart und Religiosität zu bewahren.

5. Von der Antike zum Frankenreich

Der Zerfall Roms

In der Spätantike veränderte sich die Mittelmeerwelt grundlegend: Trotz Verfolgungen durch die römischen Kaiser breitete sich das **Christentum** immer weiter aus. Seit dem Toleranzedikt von Kaiser Konstantin 311 n. Chr. verdrängte es die alten Götter der Römer, bis es 391 n. Chr. zur alleinigen **Staatsreligion** wurde. Diese neue religiöse Einheit konnte jedoch die Auflösung des Römischen Weltreichs nicht verhindern. Überfälle benachbarter Völker und die große Völkerwanderung der Germanen schwächten ab dem 3. Jahrhundert das Imperium, das schließlich 395 in das Weströmische Reich und das Oströmische Reich mit der Hauptstadt Konstantinopel geteilt wurde. Der Kaiser in Ostrom behauptete seine Position. Während das Ostreich über 1000 Jahre weiterexistierte, endete das Westreich 476, als der Germane Odoaker den letzten weströmischen Kaiser Romulus Augustulus absetzte. Als Vorsteher der römischen Gemeinde übernahmen der **Papst** und die Vorsteher anderer christlicher Gemeinden, die Bischöfe, zunehmend auch politische Aufgaben. Auf römischem Boden entstanden verschiedene Germanenreiche. Doch die Kultur Roms wirkte im Mittelalter und bis in unsere heutige Zeit weiter.

Muslimische Reiche

Die Gründung muslimischer Reiche geht zurück auf Mohammed, den Begründer und späteren Propheten des **Islams**, der im Jahre 622 n. Chr. nach Medina flüchten musste. Bis zu seinem Tod 632 n. Chr. hatte Mohammed ganz Arabien für den Islam gewonnen. Die Ausbreitung des Islams setzte sich auch nach dem Tod Mohammeds fort. Sie erfolgte vor allem mit kriegerischen Mitteln und endete erst etwa 100 Jahre nach Mohammeds Tod im Westen durch den Widerstand des Frankenreichs und im Osten an den Grenzen Chinas. Das Reich der Kalifen zerfiel seit dem 9. Jahrhundert in viele Teilreiche. Daneben entstanden Reiche nicht-arabischer Völker, wie Berber, Türken und Iraner. Es blieb jedoch eine kulturelle Verbundenheit der muslimischen Gebiete erhalten, die bis heute erkennbar ist.

Staatsreligion

Religion, die im ganzen Staat als verbindlich gilt. Gläubige anderer Religionen werden benachteiligt oder verfolgt. 391 wurde das Christentum durch Kaiser Theodosius zur alleinigen Staatsreligion im Römischen Reich erhoben.

Papsttum

Amtsbezeichnung für das Oberhaupt der katholischen Kirche (von lat. papa = Vater). Das Papsttum entstand vermutlich im 3. Jahrhundert n. Chr., als die Bischöfe von Rom die Führungsrolle in der römischen Christenheit beanspruchten. Sie sahen sich als direkte Nachfolger des Apostels Petrus.

Islam

(arab. islam = Hingabe an Gott, Ergebung in Gottes Willen) Ein Gläubiger wird Muslim genannt, das heißt übersetzt „Der sich Gott unterwirft". Der Islam bekennt sich wie Judentum und Christentum zu einem Gott. Grundlage des Islams ist der Koran („Verkündigung"), der in 114 Suren (= Abschnitte) geteilt ist und Erzählungen, Lobpreisungen und Gleichnisse enthält. Wer fromm leben will, hat die fünf Grundpflichten des Islams zu erfüllen: 1. das Glaubensbekenntnis, 2. die täglichen Pflichtgebete, 3. das gesetzliche Almosengeben für die Armen, 4. das Fasten im Monat Ramadan, 5. die Pilgerfahrt nach Mekka.

Reichsbildung der Franken

Als das Weströmische Reich zerfiel, entstanden auf seinem Gebiet mehrere Germanenreiche. Aber nur das Reich der Franken, die seit dem 3. Jahrhundert n. Chr. in Gallien eingedrungen waren, konnte sich dauerhaft behaupten. Zunächst waren die Franken Verbündete der Römer, doch König Chlodwig I. (482–511) aus der Familie der Merowinger gelang es, den letzten römischen Herrscher Galliens sowie die übrigen Frankenkönige auszuschalten und andere germanische Reiche zu besiegen. Das fränkische Großreich wurde zur Keimzelle der heutigen Staaten Frankreich und Deutschland.

▸ Beginn der christlichen Zeitrechnung   ▸ Völkerwanderung   ▸ Ende des Weströmischen Reiches

0   4. bis 6. Jh. n. Chr.   476 n. Chr.

5. Von der Antike zum Frankenreich

Das Reich der Franken

Dem Frankenkönig Chlodwig I. (482–511 n. Chr.) aus der Familie der Merowinger gelang die **Gründung eines dauerhaften Reiches**. Er setzte sich unter den fränkischen Kleinkönigen wegen seiner Heerführerschaft und seiner Erfolge durch. Er verband das bisherige Sakralkönigtum (er war königlicher Abstammung) mit dem Heerkönigtum (seine Siege bestätigten das Königsheil). Durch den Übertritt Chlodwigs zum Christentum um 497/498 entwickelte sich zwischen fränkischen Königen und Kirche ein enges Verhältnis: Die Geistlichen unterstützten den königlichen Herrschaftsanspruch, die Könige boten der Kirche Schutz.

Als im 7. Jahrhundert die Merowinger durch Reichsteilungen und Kriege der Familienmitglieder untereinander geschwächt waren, gelang es dem **Hausmeier** Pippin aus der Familie der Karolinger, die Königswürde zu übernehmen, denn die eigentliche Macht lag schon seit längerem bei den Hausmeiern. So ließ sich Pippin 751 von den fränkischen Adligen zum König erheben.

Christianisierung im frühen Mittelalter

Seit Chlodwigs Taufe wurde die Verbreitung der christlichen Lehre vorangetrieben. Die Päpste förderten dies durch Missionare.

Für die christliche Prägung des Mittelalters waren daneben die Klöster entscheidend. Zwar wollten **Mönche und Nonnen** ursprünglich in der Abgeschiedenheit eines **Klosters** ganz für ihren Glauben leben. Doch seit der Zeit Benedikts von Nursia, der im 6. Jh. eine Regel für das klösterliche Zusammenleben schrieb, übernahmen die Klöster auch weltliche Aufgaben. Sie waren erfolgreiche Wirtschaftsbetriebe, sorgten für Arme, Kranke und Alte und hatten mit ihren Bibliotheken und Schulen eine wichtige Funktion als „Bildungsinsel": Mönche vermittelten das aus der Antike überlieferte Wissen und betrieben eigene Forschungen.

Besonders für Frauen war das Leben im Kloster fast die einzige Möglichkeit, sich Bildung anzueignen und wissenschaftlich tätig zu werden.

Hausmeier

Verwalter der königlichen Güter, die zu den höchsten Amtsträgern des Frankenreiches aufstiegen.

Christentum

Die auf Jesus Christus (= der Gesalbte), sein Leben und seine Lehre gegründete Weltreligion. Wie Judentum und Islam ist auch das Christentum eine monotheistische Religion und in ihrer Entstehungszeit die mittlere der drei Weltreligionen. Gemeinsam sind allen Christen das Bekenntnis zu Gott in Jesus Christus, die Bibel und bestimmte Formen des Gottesdienstes und des christlichen Lebens wie die christliche Gemeinde (Kirche).

Mönche und Nonnen

Gegen Ende der Antike zogen sich Männer und Frauen als Mönche (lat. monachus = einsam lebend) und Nonnen (ägypt. nonnis = unversehrte Jungfrau) in die Wüste oder in Klöster zurück, um dort Gott zu dienen und nach festen Regeln gemeinsam zu leben. Mönche und Nonnen sind der Klosterleitung, dem Abt oder der Äbtissin, zu Gehorsam verpflichtet, sie heiraten nicht und verzichten auf persönlichen Besitz. Im Laufe der Geschichte entwickelten sich verschiedene Mönchsgruppen, die so genannten Orden: z. B. Benediktiner, Zisterzienser oder Franziskaner, die sich auch in ihrer Ordensstruktur und Ordenstracht voneinander unterscheiden.

Kloster

(von lat. claustrum = Verschluss) Ein gegenüber der Außenwelt abgesperrter Ort, in dem Mönche und Nonnen leben. Die Leitung eines Klosters liegt in der Hand eines Abtes oder einer Äbtissin.

- Frühes Mittelalter
- Ausbreitung des Christentums durch Missionierung
- Gründung des Frankenreiches
- Begründung des mittelalterlichen Mönchtums und Nonnenwesens

ca. 5. bis 11. Jh.   um 500 n. Chr.

5. Von der Antike zum Frankenreich

Daten und Ereignisse

um 250 n. Chr.	erste allgemeine Christenverfolgung
391 n. Chr.	Im Römischen Reich wird das Christentum Staatsreligion.
395 n. Chr.	Teilung des Imperium Romanum: Weströmisches und Oströmisches Reich
476 n. Chr.	Ende des Weströmischen Reiches
um 500 n. Chr.	Gründung des Frankenreichs, Taufe Chlodwigs
540 n. Chr.	Ordensregel des Benedikt von Nursia
622 n. Chr.	Mohammeds Flucht aus Mekka; Beginn der islamischen Zeitrechnung
751 n. Chr.	Pippin I. wird Frankenkönig.

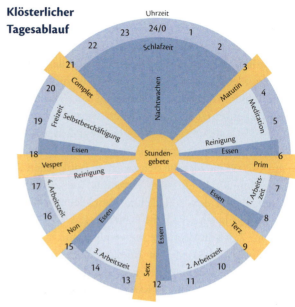

Klösterlicher Tagesablauf

Klosterplan von Sankt Gallen, nach einem Plan von 820 n. Chr.

Die Dreiteilung der Mittelmeerwelt nach dem Untergang des Weströmischen Reiches um 750 n. Chr.

Islamische Reiche	Oströmisches Reich	Frankenreich
– Mohammed als religiöser, politischer und islamischer Führer (7. Jh.) – Widerstand arabischer Stammesfürsten gegen die islamische Lehre – schnelle Ausbreitung des Islams auch nach dem Tod Mohammeds – größte Ausdehnung des Reiches im 8. Jh.; Eindämmung durch das Frankenreich und China – im 9. Jh. Zerfall in Teilreiche	– umfasste die östliche Hälfte des Römischen Reiches nach Ansturm der Germanen und Auflösung des Gesamtreiches um 500 n. Chr. – Entwicklung zum eigenständigen Reich (Hauptstadt: Konstantinopel) in der Tradition der griechisch-römischen Antike – Kaiser beanspruchten religiöse und politische Nachfolge Roms – Kaiser verstand sich als Schutzherr des Christentums und beanspruchte auch in kirchlichen Fragen höchste Entscheidungsgewalt	– Stamm der Franken behauptete sich auf dem Gebiet des Weströmischen Reiches gegen Gallier und fränkische Kleinkönige – Übertritt König Clodwigs I. (482 bis 511 n. Chr.) zum Christentum – Kirche als Herrschaftsstütze – Verschmelzung germanischer und christlich-römischer Kultur – „Keimzelle" eines Großreiches

5. Von der Antike zum Frankenreich

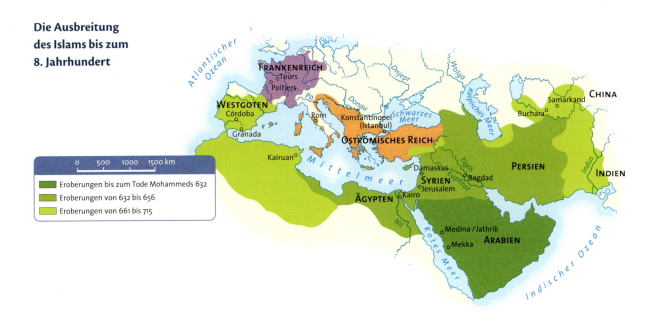

Die Ausbreitung des Islams bis zum 8. Jahrhundert

- Eroberungen bis zum Tode Mohammeds 632
- Eroberungen von 632 bis 656
- Eroberungen von 661 bis 715

Biographie

Mohammed

Als Mohammed, der spätere Prophet des Islams, 570 n. Chr. in der arabischen Handelsstadt Mekka geboren wurde, verehrten die Gläubigen dieser Stadt 300 Götter. Zu dem weithin bekannten Heiligtum, der Kaaba, pilgerten alljährlich viele Beduinen. Die Besucher hatten Mekka und seinen Bewohnern Wohlstand gebracht. Mohammed wuchs bei seinem Großvater und nach dessen Tod bei seinem Onkel Abu Talib auf. Der war ein angesehener Geschäftsmann und Mohammed folgte seinem Beispiel: Er wurde Fernhändler. Auf seinen Reisen durch den Orient begegnete Mohammed Juden und Christen. An deren Religion beeindruckte ihn besonders der Glaube an nur einen einzigen Gott (griech. Monotheismus). Im Jahr 610 wurde Mohammed nach seinen Berichten von dem Erzengel Gabriel zum Propheten der neuen Religion, des Islams, berufen. Als er mit seiner Glaubenslehre an die Öffentlichkeit trat, fand er zunächst nur wenige Anhänger. Im Gegenteil: Er zog sich die Feindschaft einflussreicher mekkanischer Kaufmannsfamilien zu, denn er kritisierte, dass die meisten Menschen nur auf ihren eigenen Vorteil bedacht seien. 622 n. Chr. musste er nach Medina flüchten. Diese Auswanderung (arab. hidschra) wurde später das Anfangsdatum der islamischen Zeitrechnung. In Medina sammelte Mohammed seine Anhänger und zog 630 n. Chr. als religiöser, politischer und militärischer Führer in Mekka ein. Bis zu seinem Tod 632 n. Chr. hatte Mohammed ganz Arabien für den Islam gewonnen.

Hildegard von Bingen

Hildegard wurde 1098 als zehntes Kind adliger Eltern geboren. Mit acht Jahren wurde sie der Benediktiner-Äbtissin Jutta von Spanheim zur Erziehung anvertraut. 1113/14 trat sie dem Benediktinerorden bei und wurde nach Juttas Tod Äbtissin.  1141 begann sie damit, ihre 26 Visionen („Göttliche Offenbarungen") aufzuschreiben. 1142/52 organisierte sie den Bau des Klosters Rupertsberg bei Bingen und siedelte dorthin um. Sie unternahm vier große Predigtreisen. Ihre Schriften sind geprägt von der Tradition der Klostermedizin, von Volkswissen und von antiken Überlieferungen. Bis heute finden ihre Erkenntnisse über natürliche Heilmethoden und ihre Ernährungslehre Anerkennung und Beachtung. Dagegen ist der Sinn ihrer Visionen nur zum Teil erforscht und bekannt.

6. Herrschaft im mittelalterlichen Europa

König
Adliger, der gegenüber den Herzögen über die höheren Herrschaftsrechte verfügte. Die Ursprünge des Königtums liegen im „Heerkönigtum" (Heerführer).

Kaiser
Karls Krönung zum Kaiser (entstanden aus dem lateinischen Beinamen „Caesar" der römischen Kaiser) begründete das mittelalterliche Kaisertum in Westeuropa, indem es an das antike römische Kaisertum anknüpfte und zugleich an den Krönungsort Rom und die Krönung durch den Papst gebunden war.

Herzog
Bei den germanischen Stämmen war ein Herzog der erwählte Heerführer, später wurde daraus ein dauerhaftes Amt, z. B. der Anführer eines Stammes (Stammesherzogtum).

Reichskirche
Otto I. stärkte die Verbindung des Königtums mit der Kirche, indem er Bistümer und Abteien fast nur noch Geistlichen übertrug, die zuvor am Königshof tätig waren. Sie stützten, wie zum Beispiel sein Bruder Brun, die Macht des Königs. Als Gegenleistung erhielten sie Lehnsgebiete, die sie verwalteten.

Lehnswesen: Lehnsherr und Vasall
Das Lehen war ein vom Herrn an den Lehnsmann (Vasall) lebenslang geliehenes Gut, für das der Vasall dem Herrn Dienste zu leisten hatte. Lehnsherr und Vasall begaben sich in ein gegenseitiges Pflicht- und Treueverhältnis: Der Herr nahm den Vasallen unter seinen Schutz, verlangte dafür aber im Frieden Rat und im Kriegsfall militärische Hilfe. Als Gegenleistung belohnte der Herr den Vasallen mit einem Lehen. Das Lehen konnte Land sein, aber auch ein Amt oder ein bestimmtes Recht. Grafen, Markgrafen, Herzöge, Bischöfe und Äbte waren Vasallen des Königs (Kronvasallen), die Ämter der Reichsverwaltung ausübten. Die Kronvasallen konnten Königsgüter, Ämter und Eigenbesitz an kleinere Vasallen weitergeben, die dann ihrem unmittelbaren Lehnsherrn, aber nicht mehr dem König zur Treue verpflichtet waren.

Das Kaiserreich Karls des Großen

Karl der Große (768–814) gilt als der bedeutendste Herrscher des Frankenreichs. Seine Machtstellung erlangte er durch eine Reihe von Feldzügen und Eroberungen wie gegen die Sachsen, die Langobarden und die Bayern. Besonders erbitterten Widerstand leisteten die „heidnischen" Sachsen, die er schließlich in einem Krieg unterwarf und zur christlichen Taufe zwang.

Die Kaiserkrönung durch Papst Leo III. im Jahr 800 erhöhte seine Macht als fränkischer **König**. Als **Kaiser** verstand sich Karl als Beschützer der Kirche und der Christenheit. Er übte seine Herrschaft – wie auch die karolingischen Könige vor ihm – als „Reisekönig" aus, d. h. er regierte „unterwegs" und bereiste mit seinem Gefolge das gesamte Reich. Obwohl Karl die Pfalz in Aachen vor anderen Königsgütern bevorzugte, hatte sein Reich keine Hauptstadt.

Herrschaft im mittelalterlichen Europa

Die Nachfolger Karls des Großen konnten das Großreich nicht erhalten. Nach vielen Auseinandersetzungen besiegelten sie im Vertrag von Verdun 843 die Teilung des Frankenreiches. Damit begann die Entwicklung zur Entstehung eines französischen und eines deutschen Staates.

Der Weg zum „Reich der Deutschen" ist mit der Frage verbunden, wie sich die Reichsmacht gegenüber den **Herzogtümern** behaupten konnte, zumal der König von den Herzögen gewählt wurde. Der sächsische König Otto I. (936–973), der Sohn des Sachsenherzogs Heinrich, erneuerte 962 das Kaisertum. Im 10./11. Jahrhundert festigten er und seine Nachfolger die königliche Macht im Reich mithilfe der **Reichskirche**.

Um 1000 sind auch die Anfänge des Königreichs England zu finden. Nach der Einwanderung verschiedener Volksgruppen, ihrer Vermischung mit den dort bereits ansässigen Kelten und der Christianisierung des Landes brachte die normannische Eroberung der Insel eine Vereinheitlichung der Verwaltung und des Rechts. In Osteuropa entstand durch die Waräger, schwedische Normannen, das Reich der Kiewer Rus, das den frühmittelalterlichen Großreichen im Westen Europas glich.

▶ Karl der Große regiert das Frankenreich (Ausbau des fränkischen Großreiches)

▶ Regierungszeit Ottos I.
▶ Reichskirche

768 bis 814

936 bis 973

6. Herrschaft im mittelalterlichen Europa

Herrschaft durch Belehnung
Seit dem 8. Jahrhundert bildete sich das **Lehnswesen** heraus: Die Herrscher banden mit der Belehnung von Land und Ämtern die Großen des Reiches persönlich an sich und übten so ihre Herrschaft aus. Im Verlauf des Mittelalters entstand durch Unterbelehnungen ein abgestuftes System von rechtlichen Beziehungen. Historiker bezeichnen diese Form des staatlichen Aufbaus als Personenverbandsstaat.

Kirchliche und weltliche Herrschaft
Ausgehend von Cluny begann im 11. Jahrhundert eine Klosterreform, die sich bald zu einer Reformbewegung der ganzen Kirche ausweitete. Wurde das Papsttum in seinen Reformbestrebungen anfänglich noch vom Kaiser unterstützt, so kam es unter Papst Gregor VII. und König Heinrich IV. zum Konflikt zwischen geistlicher und weltlicher Macht. Der „Gang" Heinrichs nach Canossa (1077) stellte den Höhepunkt im **Investiturstreit** dar. Der Staufer Friedrich I. Barbarossa (1152–1190) erreichte die angestrebte Erneuerung des Reiches nur teilweise. Es gelang ihm nicht entscheidend, die Widerstände der oberitalienischen Städte, das Machtbewusstsein des Papstes und das Streben der Reichsfürsten nach Eigenständigkeit einzudämmen.

Religionen und Kulturen: Begegnung und Konflikt
In al-Andalus in Spanien führte der Zusammenfluss verschiedener Kulturen dazu, dass Bildung, Kultur und Wissenschaft ein viel höheres Niveau erreichten als in anderen Gebieten Europas. Dieses Miteinander verschiedener Religionen wurde durch die Reconquista, die Rückeroberung Spaniens durch christliche Heere, beendet.

Die **Kreuzzüge** begannen mit einem Aufruf des Papstes Urban II. 1095 in Frankreich. Konstantinopel und das Heilige Land mit Jerusalem sollten gegen die Eroberung durch muslimische Völker verteidigt werden. Wer als Kreuzfahrer kämpfte, sollte Vergebung für seine Sünden finden. 1099 eroberten die Kreuzritter Jerusalem und gründeten Kreuzfahrerstaaten im Nahen Osten.

Während sich im frühen Mittelalter Juden und Christen gegenseitig respektierten, grenzte die christliche Kirche die Menschen jüdischen Glaubens mit dem Aufkommen der Kreuzzugsidee immer stärker aus der Gesellschaft aus.

Investiturstreit
Als Investitur (von lat. investire = bekleiden) wird die feierliche Einsetzung von Geistlichen in ihr Amt bezeichnet. Der König setzte die Bischöfe, Äbte und Äbtissinnen mit den Investitursymbolen Ring und Stab in ihre Ämter und damit in ihre Machtbefugnisse ein. Die Könige begründeten ihre Mitwirkung damit, dass die Bischöfe mit der Verwaltung von königlichen Ämtern und Besitz betraut wurden. Mit der Kirchenreform des 11. Jahrhunderts versuchte die Kirche, den Einfluss der Könige auf kirchenpolitische Angelegenheiten erheblich einzuschränken.

Kreuzzug
Im weiteren Sinne ist unter einem Kreuzzug ein von der Kirche im Mittelalter geförderter Kriegszug gegen „Heiden" (Ungläubige) und Ketzer (vom „rechten Glauben" Abgewichene) zu verstehen. Ziel war die Ausbreitung oder Wiederherstellung des katholischen Glaubens. Vom Ende des 11. bis zum Ende des 13. Jahrhunderts (1291 völlige Vertreibung der Kreuzritter aus Palästina) waren die Kreuzzüge kriegerische Unternehmungen, um das Heilige Land zurückzuerobern. In der Kreuzzugsidee verband sich der Gedanke der Pilgerfahrt mit dem des Kampfes gegen die „Heiden" und dem Ziel, das Heilige Grab in Jerusalem zu befreien.

▶ Investiturstreit zwischen Kaiser und Papst — im 11 Jh.

▶ Kreuzzüge — 1095 bis 1291

6. Herrschaft im mittelalterlichen Europa

Daten und Ereignisse

768–814	Karl der Große ist König des Frankenreichs.
800	Karl der Große wird Kaiser.
962	Kaiserkrönung Ottos I.
1053–1106	Heinrich IV.
1077	„Gang nach Canossa"
1095	Aufruf zum 1. Kreuzzug
1099	Eroberung Jerusalems
1122	Wormser Konkordat
1138–1152	Konrad III. erster staufischer König
1152–1190	Friedrich I. Barbarossa
1212–1250	Friedrich II.
1492	Ende der Rückeroberung Spaniens durch die Christen

Modell des mittelalterlichen Lehnswesens

Biographie

Karl der Große

Karl (747–814) wurde als Sohn Pippins des Jüngeren und Enkel Karl Martells, der den Vormarsch der Muslime durch die Schlacht von Tours und Poitiers 732 stoppte, geboren. Er war von 768 bis 814 König der Franken und stammte aus dem Geschlecht der Arnulfinger, die nach ihm auch Karolinger genannt wurden. Am Weihnachtstag des Jahres 800 krönte Papst Leo III. in Rom Karl den Großen zum Kaiser. Die römischen Adligen bestätigten die Krönung. Karl verstand sich als Diener und Beschützer der römischen Kirche. Erst nach jahrelangen Verhandlungen akzeptierte der oströmische Kaiser Karl den Großen als gleichberechtigten Herrscher. Durch militärische Erfolge, wie die Unterwerfung der Sachsen 783, die Absetzung des Bayernherzogs Tassilo 788, die Beseitigung weiterer selbstständiger Herzogtümer und die Sicherung der Ostgrenze, gelang es ihm, ein einheitliches Fränkisches Reich zu schaffen. Ab etwa 794 war Karls bevorzugte Residenz Aachen. Karls Hof wurde zum Zentrum der Wissenschaften, wo Gelehrte aus ganz Europa zusammenkamen. In nahezu allen Bereichen – Politik, Verwaltung, Rechtsprechung, Kultur – griff Karl der Große auf antikes Erbe zurück, verschmolz es mit dem Christentum sowie mit germanischen Traditionen. Er wirkte dadurch nachhaltig auf die Entwicklung Europas. Karl wurde in der Pfalzkapelle zu Aachen bestattet; 1165 ließ ihn Friedrich I. Barbarossa heiligsprechen.

6. Herrschaft im mittelalterlichen Europa

Europa um 1000

Biographie

Gregor VII.

Gregor VII. (1073–1085) war wahrscheinlich schon fast 60 Jahre alt, als er zum Papst gewählt wurde. Als ehemaliger Mönch aus dem Reformkloster Cluny war er ein leidenschaftlicher Verfechter der Kirchenreform. Im „Dictatus papae" formulierte er in 27 Leitsätzen seine Weltsicht, z. B. sagte er: „Gott gehorchen heißt, der Kirche gehorchen und das wiederum heißt, dem Papst gehorchen." Als der deutsche König Heinrich IV. sich weigerte, den Herrschaftsanspruch des Papstes anzuerkennen, und auf seinem Recht der Investitur bestand, stellte Gregor ihn unter den Kirchenbann und exkommunizierte ihn.

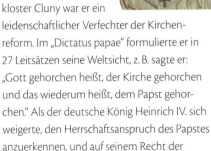

Heinrich IV.

Heinrich IV. (1053–1106) wurde als Dreijähriger zum König gewählt und gelangte mit sechs Jahren nach dem Tod seines Vaters auf den Thron. Zunächst herrschte er unter der Vormundschaft seiner Mutter Agnes, 1065 übernahm er allein die Regierung. Heinrich war machtbewusst und begann seine Position gegenüber den Fürsten auszubauen, z. B. durch einen Krieg gegen die Sachsen, womit er die Feindschaft vieler Adliger auf sich zog. Als Gregor VII. ihn exkommunizierte, stellten ihm die Fürsten ein Ultimatum, dass sie binnen eines Jahres einen anderen deutschen König wählen würden, wenn er sich bis dahin nicht von dem Kirchenbann gelöst habe. Darum unternahm Heinrich den Gang nach Canossa, der zwar den Papst zum Einlenken zwang, jedoch den Konflikt nicht lösen konnte. Schließlich konnte Heinrich seine Gegner durch Waffengewalt besiegen und einen Gegenpapst einsetzen, der ihn 1084 zum Kaiser krönte. Gregor VII. floh und starb auf der Flucht.

7. Lebensformen im Mittelalter

Grundherrschaft

Der Grundherr, z. B. ein Adliger, ein Kloster oder ein Bischof, verfügte über das Obereigentum an Grund und Boden. Er überließ abhängigen Bauern, den Grundholden (= Hörigen), Land zur Bewirtschaftung. Für den Schutz, den der Grundherr gewährte, waren die Hörigen zu Abgaben und Frondiensten verpflichtet. Gänzlich unfreie Bauern, die Leibeigenen, arbeiteten auf dem Herrenland bzw. auf Fronhöfen, die den Mittelpunkt einer Grundherrschaft bildeten. Zwar änderten sich die Formen der Abhängigkeit, doch die Grundherrschaft bestimmte die Wirtschaftsweise und das Leben der Bauern bis ins 19. Jahrhundert.

Ständewesen

Im Mittelalter und in der frühen Neuzeit bestimmte die Geburt, zu welchem gesellschaftlichen Stand ein Mensch gehörte. Während sich im frühen Mittelalter die Gesellschaft in Adlige sowie Freie und Unfreie teilte, setzte sich die Kirche seit dem 11. Jahrhundert mit ihrer „Dreiständelehre" (Klerus, Adel und Bauern) durch. Im Laufe des Mittelalters kamen die Bürger in den entstehenden Städten zum dritten Stand hinzu. Zu keinem Stand gehörten z. B. Arme, Tagelöhner und die Juden. Die Zugehörigkeit zu einem Stand galt als gottgewollt. Nur in seltenen Ausnahmefällen konnte man in einen anderen Stand wechseln.

Adel

(von ahd. edili = die Edelsten) Bezeichnung für die Gruppe mächtiger Familien, die im Mittelalter durch ihre Abstammung und durch Grundbesitz besondere Rechte gegenüber der übrigen Bevölkerung beanspruchte. Die Adligen genossen ein hohes Ansehen in der Gesellschaft und übernahmen oft militärische Dienste und Verwaltungsaufgaben für den König. Sie zahlten keine Steuern. Zum Adel zählten z. B. die Grafen, die Herzöge und später die Ritter. Die Vorrechte des Adels wurden in Europa schrittweise mit der Entwicklung der Demokratie in England und mit der Französischen Revolution (1789) abgeschafft.

Leben in der Grundherrschaft

Im Mittelalter lebten fast alle Menschen in dörflichen Siedlungen auf dem Land. Die Landwirtschaft war die bestimmende Wirtschaftsweise. Die Lebens- und Arbeitsbedingungen waren meist sehr hart. Oft erwirtschafteten die Bauern gerade genug zum Überleben. Zwischen dem 8. und 13. Jahrhundert gab es viele Neuerungen, z. B. den Räderpflug, die Dreifelderwirtschaft oder das Kummet. Die verbesserten Anbaumethoden und Arbeitsgeräte führten zu einem Bevölkerungswachstum. Erst im 14. Jahrhundert ging die Zahl der Menschen durch Seuchen rapide zurück.

Um 800 lebten noch viele Bauern in Freiheit – schon 200 Jahre später waren die meisten Bauern von einem Grundherrn abhängig. Als Grundholde bzw. Hörige mussten sie dem Grundherrn Abgaben und Dienste leisten. Der Grundherr erlaubte der Dorfgemeinschaft oft, ihre inneren Angelegenheiten selbst zu regeln und nachbarschaftliche Rechtsvereinbarungen zu treffen. Dennoch waren viele Grundholde mit ihrer Situation unzufrieden und entzogen sich der **Grundherrschaft** durch Flucht in eine Stadt.

Ritter und Burgen

Die mittelalterliche Gesellschaft beruhte auf dem **Ständewesen**. Aus dem **Adel** und ursprünglich unfreien Dienstmannen, die für ihren Herrn kämpften, bildete sich der Ritterstand. Diese berittenen Kämpfer verstanden sich als christliche Streiter und Beschützer der Armen und Schwachen.

Die Ritter bzw. ihre Lehnsherren ließen Burgen bauen. Die Burg änderte im Verlauf der Jahrhunderte nicht nur ihr Aussehen, sondern auch ihre Funktion: Ursprünglich ein Verteidigungsbau, wurde sie seit dem Hochmittelalter zunehmend Rechts- und Verwaltungssitz, aber auch Zentrum der höfischen Ritterkultur. Vor allem in der Literatur, in Ritterromanen und im Minnesang wurde eine verklärte Wirklichkeit gezeigt: Selten konnten die echten Ritter den hohen Idealen entsprechen, das Burgleben war hart. Veränderungen in Kriegstechnik, Wirtschaft und Gesellschaft führten im 14. Jahrhundert zum Bedeutungsverlust des Ritter-

▸ viele freie Bauern werden von Grundherren abhängig ▸ Hohes Mittelalter ▸ Bürgerkämpfe

800–1000   11. bis 13. Jh.   ab 1100

7. Lebensformen im Mittelalter

tums: Ein Großteil verarmte, viele übernahmen Verwaltungsaufgaben für die Landesherren.

Menschen in der Stadt

Die meisten europäischen Städte entstanden im Mittelalter. Vor allem aus wirtschaftlichen Interessen gründeten Könige, Herzöge und Bischöfe Städte, von denen sie sich durch den Handel auf dem Markt und die gewerbliche Produktion hohe Einnahmen erhofften. Durch das **Stadtrecht** wurde ein eigener Rechtsbezirk geschaffen. Besondere Rechte besaßen die **Reichsstädte**. Für Bauern boten die Städte meist bessere Erwerbsmöglichkeiten und größere persönliche Freiheit, da sie nicht mehr einem Grundherrn verpflichtet waren. Aber nicht alle Bewohner der Stadt waren sozial, politisch und wirtschaftlich gleichgestellt. **Bürger** konnte nur werden, wer Grundbesitz hatte oder ein selbstständiges Handwerk oder Handelsgeschäft betrieb. Handwerksgesellen, Mägde oder Tagelöhner waren also keine Bürger. Auch Juden konnten nur selten das Bürgerrecht erwerben. Sie wurden oft in Ghettos ausgegrenzt. Während der Pestepidemie 1348/50 kam es in vielen Städten Europas zu Pogromen gegen jüdische Gemeinden.

Stadtwirtschaft und Stadtherrschaft

Durch den Markt bildete sich eine arbeitsteilige Gesellschaft im Gegensatz zur bäuerlichen Selbstversorgungswirtschaft. Handel und Handwerk prägten das Wirtschaftsleben der Stadt. Die meisten Handwerkszweige waren in **Zünften** organisiert. Mit dem Aufblühen der Städte im 12. Jahrhundert nahm auch der Fernhandel zu. Neben den Städten in Oberitalien und Flandern erreichten die Hansestädte große Bedeutung. Die Hanse wurde im Spätmittelalter auch zu einer politischen Macht in Nord- und Mitteleuropa.

Die Führungsschicht der reichen Patrizier hatte im Hochmittelalter immer mehr Rechte gegenüber den Stadtherren erkämpft und übernahm das Stadtregiment. Dagegen lehnten sich seit dem 14. Jahrhundert vielerorts die Zünfte auf. Nach teilweise gewalttätigen Auseinandersetzungen wurden die Handwerksmeister häufig an der Stadtregierung beteiligt.

Stadtrecht

Durch die Verleihung des Stadtrechts an eine Siedlung schuf der Stadtgründer einen eigenen Rechtsbezirk. In der Gründungsurkunde wurden die in der Stadt geltenden Privilegien, z. B. das Recht, einen Markt abzuhalten, sowie Rechtsgrundsätze für das Zusammenleben der Bürger und die Pflichten gegenüber dem Stadtherrn festgelegt.

Reichsstadt

Im Heiligen Römischen Reich deutscher Nation (bis 1806) gab es Städte, die unmittelbar dem König bzw. Kaiser unterstanden. Diese Reichsstädte zahlten zwar Steuern und sollten die Politik des Herrschers unterstützen, die inneren Angelegenheiten konnte der Rat der Stadt jedoch selbst regeln. Reichsstädte entstanden häufig aus Siedlungen um eine Königspfalz oder -burg, z. B. Nürnberg. Einigen Städten, deren Stadtherr ursprünglich ein Bischof war, gelang es, die Reichsunmittelbarkeit zu erkämpfen, z. B. Augsburg und Regensburg.

Bürger

Der Begriff Bürger bezog sich im Mittelalter auf eine städtische Bevölkerungsgruppe. Bürger hatten das Recht auf Grundbesitz und konnten ihren Wohnsitz frei wählen. Alle Bürger unterstanden dem Stadtrecht. Dies galt für Männer und Frauen. Nur die männlichen Vollbürger waren berechtigt, den Rat der Stadt zu wählen und Ämter zu besetzen. Juden waren meist vom Bürgerrecht ausgeschlossen, ebenso Gesellen, Mägde und Tagelöhner. Heute werden alle mit vollen politischen Rechten, z. B. dem Wahlrecht, ausgestatteten Einwohner eines Staates Bürger genannt – unabhängig davon, ob sie auf dem Land oder in einer Stadt leben.

Zunft

Im Mittelalter schlossen sich Menschen oft zu Hilfsgemeinschaften, so genannten Gilden, zusammen. Häufig taten dies Menschen, die in einer Stadt dasselbe Gewerbe ausübten. Ein Beispiel für eine Gilde ist die Zunft, der die Handwerksmeister eines Berufs beitreten mussten (= Zunftzwang). Die Zunft regelte die Arbeitsverhältnisse und sicherte die wirtschaftliche Existenz der einzelnen Handwerker. Zünfte entstanden im 12. Jh. und wurden im 19. Jh. abgeschafft. Heute schließen sich Handwerker in Innungen zusammen.

▶ Höhepunkt der höfischen Kultur — um 1200

▶ Teile des Adels verarmen — ab 1300

7. Lebensformen im Mittelalter

Daten und Ereignisse

750	Einführung der Dreifelderwirtschaft
800	Einführung von Kummet und Räderpflug
1000	Beginn der Stadtgründungen
seit 1100	Ritterstand entwickelt sich
seit 1100	Handwerker schließen sich in Zünften zusammen
seit 1100	Aufblühen des Fernhandels
seit ca. 1250	Abgaben und Frondienste werden durch Geldzahlungen ersetzt.
1348–1350	Pestwelle in Europa; Pestpogrome gegen jüdische Gemeinden
1358	Städtebund der Deutschen Hanse
1495	ewiger Landfrieden (Fehdeverbot)

Dreiständebild

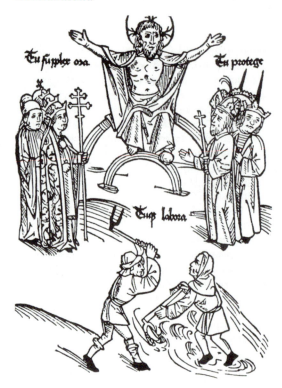

Techniken der Bodenbearbeitung in Europa um 1000

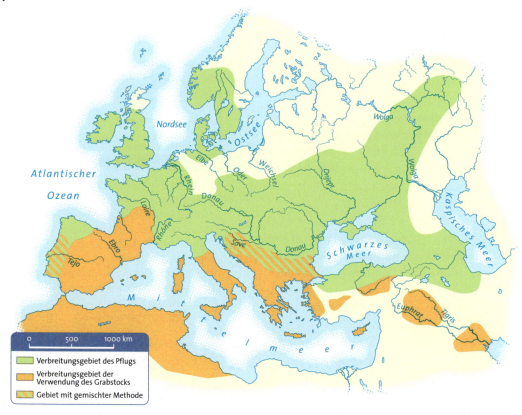

- Verbreitungsgebiet des Pflugs
- Verbreitungsgebiet der Verwendung des Grabstocks
- Gebiet mit gemischter Methode

7. Lebensformen im Mittelalter

Modell der mittelalterlichen Grundherrschaft

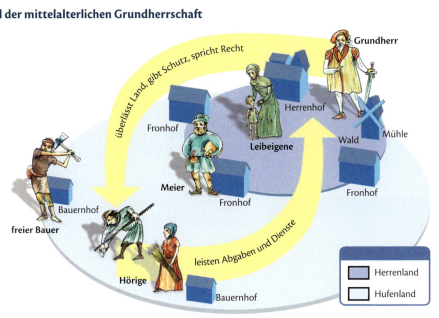

Modell zur gesellschaftlichen Gliederung der mittelalterlichen Stadt

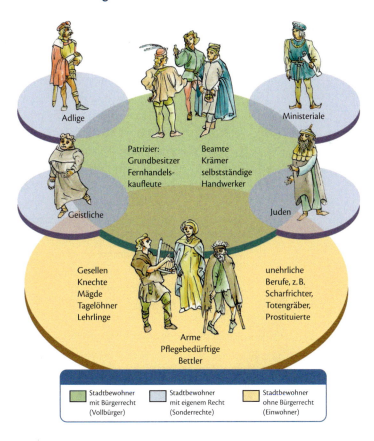

8. Europa am Ende des Mittelalters

Parlament

(von franz. parler = reden) Bezeichnung für eine Volksvertretung, die aus einer oder zwei Kammern besteht. Das erste im England des ausgehenden 13. Jahrhunderts entstandene Parlament wurde aufgrund der Verfassungsurkunde Magna Charta (1215) eingerichtet. Es schränkte die Königsmacht ein. Das Parlament – bestehend aus einem allgemeinen Rat von adligen Lehensträgern und Vertretern der Städte – musste dem König bei der Erhebung von Steuern seine Zustimmung geben.

Territorialstaat

Der spätmittelalterlich-frühneuzeitliche Territorialstaat, ein möglichst geschlossenes Herrschaftsgebiet, löst den auf das Lehnswesen gegründeten „Personenverbandsstaat" ab. Herrschaft wird nun zur umfassenden obrigkeitlichen Gewalt, die andere Herrschaftsträger (Adel, Geistlichkeit, Städte) zurückdrängt.

Goldene Bulle

Reichsgesetz zur Königswahl, das 1356 von Kaiser Karl IV. erlassen wurde und bis 1806 gültig war. Das königliche Goldsiegel („Bulle") gab der Urkunde ihren Namen. In dem Gesetz wurde u. a. festgelegt:
1. die Zusammensetzung des Kurfürstenkollegs (drei geistliche und vier weltliche Fürsten),
2. das Wahlverfahren,
3. die Rechte der Kurfürsten,
4. die Durchführung der Reichstage.

Anfänge der Nationenbildung – Beispiel Frankreich

Zwischen dem 11. und dem 13. Jh. bildete sich in Frankreich eine königliche Herrschaft heraus, die nicht mehr allein auf den personalen Bindungen des Lehnswesens beruhte. Der König erweiterte schrittweise seine Macht, indem er den Vorrang seiner Gesetzgebung im Land durchsetzte, eine zentrale Verwaltung schuf und Verwaltungsbeamte ausbilden ließ.

Der Einfluss des Adels wurde stetig geschmälert, weil Lehnsland bis zum Beweis des Gegenteils grundsätzlich als königliches Land galt. Die neuen Aufgaben, die sich durch den Wandel in Gesellschaft und Wirtschaft (Wachstum der Städte, Ausweitung des Handels, Entstehung der Geldwirtschaft) stellten, konnte das „alte" Lehnswesen auf Dauer nicht bewältigen. Sie erforderten vor allem eine auf Gesetz und Rechtsprechung begründete Verwaltung des Landes, die von den personalen Bindungen zwischen Lehnsherr und Vasall gelöst war.

Im Machtkampf mit der Kirche setzte sich der monarchische Staat gegenüber dem universalen Anspruch des Papstes durch.

Der Hundertjährige Krieg (1339–1453)

Nach dem Tod des Königs Richard Löwenherz 1199 kam es in England zu Konflikten zwischen seinem Nachfolger Johann Ohneland und den englischen Adligen. In der Magna Charta 1215 erreichten die englischen Fürsten durch die Einrichtung eines **Parlaments** wichtige Zustimmungsrechte.

Die Besitzungen Englands auf dem französischen Festland waren Lehen des französischen Königtums. Als im 14. Jahrhundert die französische Königsfamilie keinen Erben für das Königsamt hatte, entbrannte zwischen England und Frankreich ein Krieg um die Nachfolge. Der Hundertjährige Krieg endete mit der Niederlage Englands, das alle seine Festlandbesitzungen in Frankreich verlor. Während des Krieges hatte sich unter der Bevölkerung beider Länder ein starkes Zusammengehörigkeitsgefühl gebildet. Es war die Grundlage für die Entstehung von Nationalstaaten.

- Ausbildung einer königlichen Herrschaft in Frankreich
- Deutsche siedeln in Osteuropa
- Entstehung von Territorialstaaten
- Spätes Mittelalter

11. bis 13. Jh.   seit dem 11. Jh.   ab 1200   13. bis 15. Jh.

8. Europa am Ende des Mittelalters

Das mittelalterliche Reich der Deutschen und die Territorialstaaten

Im 13. Jh. bauten die Reichsfürsten ihre politische Macht aus. Sie schufen – ähnlich wie vorher in Frankreich – Verwaltungen in ihren Territorien. Die herkömmlichen Lehnsdienste und -pflichten wurden zunehmend durch Verträge mit eigenen oder fremden Vasallen verdrängt. Die persönlichen Bindungen zwischen Lehnsherr und Vasall verloren an Bedeutung.

Die Fürsten bauten ihre Macht immer weiter aus, indem sie sich **Territorialstaaten** schufen. Verlierer dieser Entwicklung waren – neben dem Königtum – die Reichsstädte.

Mit der **Goldenen Bulle** regelten die **Kurfürsten** als die mächtigsten Fürsten im Reich 1356 die Königswahl. Auf Reichstagen nahmen Kurfürsten und Freie Reichsstädte Einfluss auf die Reichspolitik.

In diese Zeit fällt auch die mittelalterliche deutsche **Ostsiedlung**, die als eine Kombination von friedlicher Besiedelung und militärischer Eroberung des von slawischen Stämmen bewohnten Raumes östlich der Elbe zu sehen ist.

Das Osmanische Reich und Europa

Das Herrscherhaus der Osmanen unternahm mit seinen Heeren seit dem 14. Jahrhundert erfolgreiche Vorstöße nach Südosteuropa. Als 1389 das serbische Heer den Osmanen in der Schlacht auf dem Amselfeld unterlag, schien der Weg zur Eroberung weiterer Teile Europas frei. Die Osmanen kontrollierten nach der **Eroberung Konstantinopels** 1453 den Zugang zum Schwarzen Meer und den Handel auf dem Landweg nach Indien, schließlich auch den gesamten Schwarzmeer- und Mittelmeerhandel. Erst die Niederlage vor Wien 1683 stoppte den osmanischen Vorstoß und deutete den Niedergang des Osmanischen Reiches an.

Die Welt des Islams war vor 1500 Europa kulturell und technologisch weit überlegen. In den Bereichen Mathematik, Kartographie, Medizin und in vielen anderen Gebieten führten Muslime die Wissenschaft an. Die islamischen Städte waren vergleichsweise riesig. Sie waren – anders als im nicht-islamischen Europa – mit Abflusskanälen und wahrscheinlich auch mit Beleuchtung versehen. Einige von ihnen beherbergten Universitäten, hervorragende Bibliotheken und monumentale Bauwerke. Konstantinopel war mit über 500 000 Einwohnern größer als jede europäische Stadt.

> **Kurfürsten**
>
> Den Kurfürsten (Kur = Wahl) stand das Recht der Königswahl zu. Ab 1257, später bestätigt durch die Goldene Bulle von 1356, waren das die Erzbischöfe von Köln, Mainz und Trier, der Markgraf von Brandenburg, der Pfalzgraf bei Rhein, der König von Böhmen und der Herzog von Sachsen. Die Wahl war ein wesentlicher Bestandteil der politischen Anerkennung des neuen Herrschers.

> **Ostsiedlung**
>
> Deutsche Siedler folgten dem Ruf deutscher und polnischer Fürsten und gründeten seit dem 11. Jahrhundert Dörfer und Städte zwischen Elbe und Oder sowie auf polnischem Herrschaftsgebiet. Die gewaltsame Gründung eines deutschen Ordensstaates belastete die zumeist friedlichen Beziehungen zwischen Deutschen und Polen.

> **Eroberung Konstantinopels**
>
> Die Eroberung der Hauptstadt des Byzantinischen Reiches im Jahre 1453 bedeutete das Ende des Oströmischen Reiches. Sie sicherte den Herrschern des Osmanischen Reiches die Kontrolle des Zugangs zum Schwarzen Meer und des Landweges nach Indien.

1356	seit dem 14. Jh.	1453
Goldene Bulle	Ausbreitung des Osmanischen Reiches	Eroberung Konstantinopels; Ende des Oströmischen Reiches

8. Europa am Ende des Mittelalters

Daten und Ereignisse

seit 1200	Ausbau der Landesherrschaften
1212–1250	Regierungszeit Friedrichs II.
1232	„Gesetz zugunsten der Fürsten"
1339–1453	Hundertjähriger Krieg
1356	Gesetz zur Königswahl („Goldene Bulle")
1410	Polnisch-litauische Truppen besiegen den Deutschen Orden
1453	Eroberung Konstantinopels

Mitteleuropa um 1400

- Habsburgische Lande
- Luxemburgische Lande
- Wittelsbachische Lande
- Lande der Wettiner
- Lande der Welfen
- Lande der Askanier
- Geistliche Gebiete
- Territorien der Reichsstädte
- Reichsgrenze

Die sieben Kurfürsten, Buchmalerei, 1493. Dargestellt sind auch die höchsten Reichsämter, die mit der Kurfürstenwürde verbunden waren: Erzkanzler (alle geistlichen Kurfürsten), Erzschenk (zuständig für die Getränke), Erztruchsess (Speisen), Erzmarschall (Pferde, Waffen), Erzkämmerer (Kasse). Die Abbildung zeigt die gesetzlich festgelegte Platzordnung.

38

8. Europa am Ende des Mittelalters

Biographie

Friedrich II.
(1194–1250)

Friedrich II. regierte von 1212 bis 1250 und war der letzte mächtige König aus der Familie der Staufer. Nach dem frühen Tod seiner Eltern Heinrich VI. und Konstanze von Sizilien wuchs Friedrich bei adligen Pflegeeltern in Italien auf. Mit 14 Jahren wurde er volljährig und übernahm die Regierung des Königreichs Sizilien. Bald darauf zog er auf Drängen des Papstes nach Deutschland, wo er 1212 als Enkel Friedrich Barbarossas zum König und 1220 zum Kaiser gekrönt wurde. Friedrich hielt sich nur ein Drittel seiner Regierungszeit in Deutschland auf. Er beschäftigte sich mit Naturwissenschaften und Philosophie und führte Diskussionen mit arabischen Gelehrten. In Sizilien schuf er einen für seine Zeit modernen Staat, der von ausgebildeten Beamten gelenkt wurde. In vielen Lebensbereichen und in der Politik ist bei Friedrich eine gewisse Nähe zur islamischen Kultur festzustellen, die wahrscheinlich auf seine „multikulturelle" Kindheit und Jugend in Palermo auf Sizilien zurückzuführen ist.

England und Frankreich vom 11. bis 13. Jahrhundert

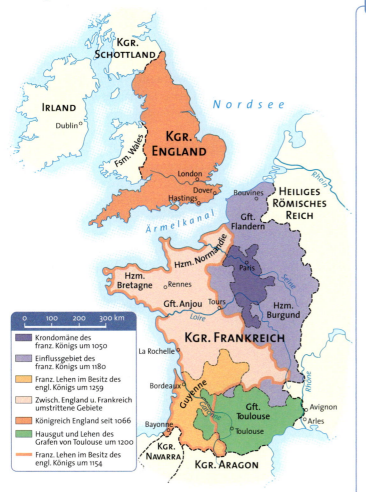

Biographie

Johanna von Orléans

Johanna von Orléans (Jeanne d'Arc) (um 1412–1431) – Tochter eines lothringischen Bauern aus der französischen Provinz – überzeugte ihre Landsleute, dass sie von Gott auserwählt sei, Frankreich zu retten und König Karl VII. zur Krönung zu verhelfen. Der damals 17-Jährigen wird die entscheidende Wende des Krieges zwischen Frankreich und England, dem so genannten Hundertjährigen Krieg (1339–1453), zugeschrieben, als sie 1429 als Anführerin französischer Truppen die Stadt Orléans von den Engländern befreite. Ein Jahr später geriet sie in englische Kriegsgefangenschaft und wurde als Ketzerin auf dem Scheiterhaufen verbrannt. Eine Überprüfung des Urteils führte dazu, dass Papst Callistus III. es im Juli 1456 aufhob. Ab dem 19. Jahrhundert verbreiteten sich Jeannes Ruf und die Verehrung in ganz Frankreich, Jeanne wurde zum Stoff von Romanen, Theaterstücken und Gesängen, die teilweise in die Weltliteratur eingingen.

9. Neues Denken – Neue Welt

1492: Entdeckung Amerikas

Im Jahr 1492 unternahm der Genueser Christoph Kolumbus im Auftrag des spanischen Königs eine Expedition, um den Seeweg nach Indien zu suchen. Als Kolumbus am 12. Oktober 1492 an Land ging, betrat er nicht – wie er irrtümlich annahm – Indien, sondern einen bis dahin nicht bekannten Kontinent, den man später Amerika nannte. Diese Entdeckung war so bedeutend, dass sie den Beginn eines neuen Zeitalters (Neuzeit) mit begründete.

Renaissance

(frz.: Wiedergeburt) Bezeichnung für die Wiederentdeckung der antiken Sprache und Kultur. Die Entwicklung begann im ausgehenden 13. Jahrhundert in Italien und breitete sich über 300 Jahre lang in ganz Europa aus. Maler, Bildhauer und Architekten schufen einen neuen Kunststil, nach dem Körper und Bewegungen möglichst wirklichkeitsnah dargestellt wurden. Diese Zeitspanne wird heute als Übergang vom Mittelalter zur Neuzeit gesehen.

Humanismus

Mit dem Begriff wird eine Lebensanschauung bezeichnet, die unter den Gelehrten im Zeitalter der Renaissance vorherrschte. Die Humanisten traten für eine umfassende Bildung des Menschen ein. Sie studierten die Quellen der antiken Schriftsteller und beschäftigten sich wissenschaftlich mit Sprachen, Geschichte und Philosophie. Der Humanismus begann im 14. Jahrhundert in Italien und breitete sich von dort im Laufe der beiden folgenden Jahrhunderte nach Frankreich, Spanien, England und Deutschland aus.

Eine neue Zeit kommt nicht über Nacht

Der Übergang vom Mittelalter zur Neuzeit kann nicht mit einem einzelnen Ereignis begründet werden wie z. B. mit der Erfindung des Buchdrucks durch Johannes Gutenberg (1455) oder der **Entdeckung Amerikas** 1492 durch Christoph Kolumbus.

Vielmehr muss die Zeit vom 14. bis zum 16. Jahrhundert als ein Zeitalter des Umbruchs begriffen werden, in dem viel Widersprüchliches zu finden ist: Einerseits versuchten Gelehrte, alle möglichen Erscheinungen der Welt mit Vernunft zu erklären, doch war man andererseits gegen Seuchen wie die Pest hilflos, was zu mancherlei abwegigen Erklärungen führte. Auch die Tatsache, dass zu Beginn der Neuzeit die Hexenprozesse zunahmen, passt nicht recht ins Bild einer neuen Zeit. Dennoch gibt es gute Gründe, seit dem 16. Jahrhundert von einer Neuzeit zu sprechen, die auf das Mittelalter folgt.

Das Neue hat viele Gesichter

Neue geistige Bewegungen – **Renaissance** und **Humanismus** – führten dazu, dass sich andere Vorstellungen vom Menschen und der Welt ausbreiteten. Der einzelne Mensch wurde jetzt als etwas Einmaliges betrachtet.

Dieser „neue" Mensch erforschte seine Umgebung mittels exakter Naturbeobachtungen. Gelehrte wie Galilei oder Kopernikus gingen dabei über die von der Kirche verkündeten Erklärungen hinaus.

Eine Folge der neuen Denkweisen waren auch Erfindungen, die z. B. Seefahrer ermutigten, neue Seewege zu suchen. Mit der Entdeckung Amerikas rückte eine neue Welt ins Blickfeld. Für die dortige Bevölkerung hatte diese Begegnung dramatische Folgen.

Auch in der Wirtschaft kam es zu Veränderungen: In den Städten blühte der Handel auf. Handelshäuser machten große Gewinne und nahmen Einfluss auf die Politik.

▶ Reiche der Azteken, Maya, Inka   ▶ Blütezeit von Humanismus und Renaissance   ▶ Eroberung und Kolonisation Amerikas

1300–1550   um 1350–1600   seit 1500

9. Neues Denken – Neue Welt

Reformation und Bauernkrieg verursachen Spaltungen

Das Jahr 1517 wird als **Beginn der Reformation** gesehen. In jenem Jahr wandte sich Martin Luther in Wittenberg mit seinen Thesen gegen kirchliche Missstände, vor allem gegen das Ablasswesen.

Luther wurde als Ketzer angeklagt, aber zahlreiche Reichsfürsten und Reichsstädte traten zum lutherischen Glauben über. Der Streit um die Erneuerung der Kirche (Reformation) führte zu einer religiösen und politischen Spaltung des Reiches. Erst im Augsburger Religionsfrieden (1555) wurde das lutherische dem katholischen Glaubensbekenntnis gleichgestellt.

Luthers Kritik an der Kirche und sein Freiheitsgedanke stießen bei der bäuerlichen Bevölkerung auf Zustimmung, denn die Abhängigkeit von den Grundherrn hatte große soziale Probleme geschaffen. 1524/25 kam es vor allem im Südwesten des Reiches zu gewaltsamen Aktionen, die sich vorwiegend gegen klösterliche Grundherrschaften richteten.

Dreißig Jahre Krieg verändern Europa

Die enge Verbindung von religiösen und politischen Spannungen führte 1618 zum Beginn des **Dreißigjährigen Krieges**. Auslöser war der „Prager Fenstersturz", eine Protestaktion evangelischer Adliger in Böhmen gegen die Beschränkung ihrer Religionsfreiheit durch den Kaiser. Viele europäische Staaten traten in diesen Krieg ein. Weite Gebiete des Reiches wurden verwüstet; die Opfer unter der Bevölkerung waren enorm.

Nach langen Verhandlungen wurde 1648 der Krieg durch den **Westfälischen Frieden** beendet. Die Machtverhältnisse stellten sich jetzt anders dar: Es entstanden neue Staaten (Schweiz, Niederlande) und im Reich hatten sich die Landesherrn eine weit gehende Unabhängigkeit gesichert.

1517: Beginn der Reformation

(von lat. reformatio = Umgestaltung, Erneuerung, meint die Wiederherstellung eines ursprünglichen Zustandes) Unter Reformation wird heute zumeist Luthers Kritik an der Kirche verstanden, die er im Jahr 1517 durch seine 95 Thesen zum ersten Mal veröffentlichte. Die Reformation im 16. Jahrhundert hatte das Ziel, die Reinheit des Glaubens und die Form der Kirche wiederherzustellen. Sie führte am Ende zu einer Spaltung der Kirche in Katholiken und Protestanten. Aus der Reformationsbewegung entstanden die lutherischen Kirchen.

1618–1648: Der Dreißigjährige Krieg

Was man 1618 noch als einen Krieg um Glaubensfragen ansehen konnte, entwickelte sich zu einem europäischen Machtkampf in zweierlei Hinsicht: Einerseits wollten protestantische Reichsfürsten ihre Unabhängigkeit gegenüber dem Kaiser durchsetzen, andererseits kämpften die Länder zunehmend um ihre Machtstellung in Europa.

Westfälischer Friede

Mit dem Westfälischen Frieden von 1648 wurde der Dreißigjährige Krieg beendet. Katholiken, Lutheraner und Calvinisten waren jetzt gleichberechtigt: Das Prinzip, wonach sich die Untertanen nach der Konfession des Fürsten richten mussten, wurde abgeschwächt. Dieses Friedensabkommen zeigt weitere wesentliche Veränderungen an: Die Rangordnung der europäischen Mächte hat sich zuungunsten des Deutschen Reiches verschoben. Innerhalb des Reiches bildeten die Reichsstände (Kurfürsten, weitere weltliche und geistliche Fürsten sowie Reichsstädte, die unmittelbar dem Kaiser unterstellt waren) ein starkes Gegengewicht zum Kaiser. Sie herrschten in ihren Gebieten weit gehend selbstständig. Im „Immerwährenden Reichstag" tagten die Ständevertreter seit 1663 in Regensburg.

▶ Beginn der Reformation — 1517

▶ Dreißigjähriger Krieg — 1618–1648

▶ Westfälischer Friede — 1648

9. Neues Denken – Neue Welt

Entdeckungsfahrten und Entdeckungen der Europäer im 15. und 16. Jahrhundert

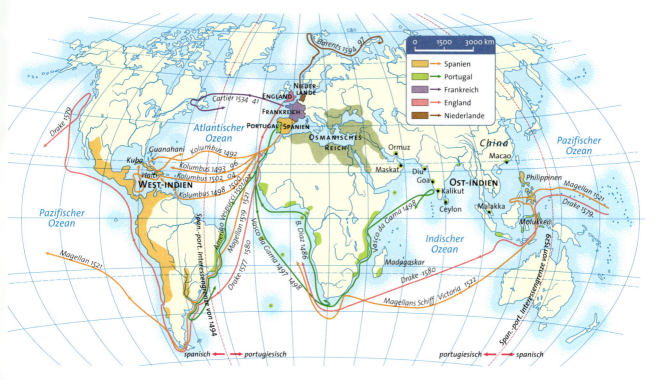

Daten und Ereignisse

1271–95	Chinareise Marco Polos
1347–1352	Höhepunkt der Pest in Europa
1455	Erfindung des Buchdrucks
1492	Kolumbus entdeckt Amerika.
1497	Vasco da Gama entdeckt den Seeweg nach Indien.
1517	Luthers Kritik am Ablasshandel/Beginn der Reformation
1519–21	Eroberung des Aztekenreiches durch Cortés
1531–34	Eroberung des Inkareichs durch Pizarro
1524/25	Bauernaufstände
1555	Augsburger Religionsfriede
1618–1648	Dreißigjähriger Krieg
1648	Westfälischer Friede

Der Handel zwischen Europa, Afrika und Amerika im 17. und 18. Jahrhundert

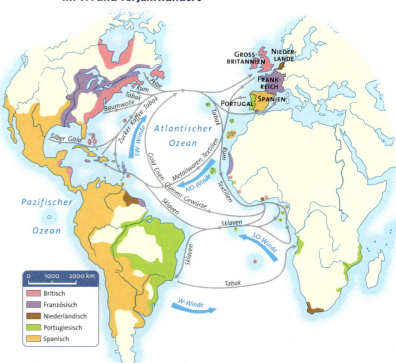

9. Neues Denken – Neue Welt

Staaten und Konfessionen in Europa um 1570

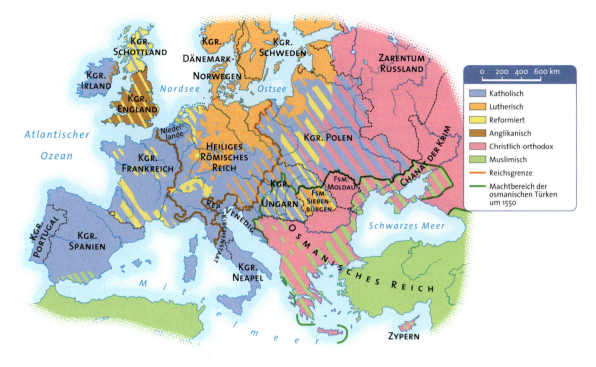

Biographie

Leonardo da Vinci

Leonardo da Vinci (1452 bis 1519), Sohn eines wohlhabenden Notars, begann 1469 eine Malerlehre in Florenz, ging 1482 nach Mailand und kehrte 1499 nach Florenz zurück. Dort arbeitete er als Festungsbaumeister, Architekt und selbstständiger Maler. 1503 entstand „Mona Lisa", das wohl berühmteste Bildnis der Welt. Als Forscher mit ungewöhnlicher Naturbeobachtungsgabe entwickelte er das antike Wissen weiter, schuf zahlreiche Entwürfe für Kirchen, Garten- und Schlossanlagen, Kanäle und Maschinen.

Jakob Fugger

Jakob Fugger (1459–1525) stammt aus einer Augsburger Handelsfamilie. Seine Mutter, verwitwete Chefin des Handelshauses, beendete Jakobs geistliche Laufbahn, als das Unternehmen in eine schwere Krise geriet. Jakob erhielt eine kaufmännische Ausbildung in Italien. Nach dem Tod seiner beiden Brüder übernahm er die Firma und vervielfachte den Gewinn durch geschickte Handels- und Bankgeschäfte. Durch Kredite an Fürsten, Könige und Päpste gewann er Einfluss auf politische Entscheidungen. Großunternehmer wie Fugger begründeten eine neue Wirtschaftsform, den so genannten Frühkapitalismus.

Martin Luther

Martin Luther (1483–1546) brach sein Studium der Rechtswissenschaften ab, nachdem er bei einem gefährlichen Unwetter das Gelübde abgelegt hatte, ins Kloster einzutreten. Er wurde Augustinermönch und lehrte ab 1508 Theologie. Mit seinen 95 Thesen (1517) kritisierte er den päpstlichen Ablasshandel. Nach seiner Auffassung war nur das Wort der Bibel verbindlich. Luther galt nun als Ketzer und wurde 1521 vom Papst gebannt. Auf dem Reichstag in Worms (1521) widerrief er seine Auffassung nicht und wurde daraufhin von Kaiser Karl V. (1519–1556) unter die Reichsacht gestellt.

10. Absolutismus und Aufklärung

Modell Frankreich

Seit 1614 verzichteten die Könige darauf, die Generalstände einzuberufen und missachteten den Willen der Ständeversammlungen. Sie stärkten ihre Macht auf Kosten des Adels und unterstellten alle Einwohner des Landes ihrer direkten Befehls- und Zwangsgewalt. Sie nahmen für sich das Recht in Anspruch, in alle Bereiche des Lebens ihrer „Untertanen" regelnd einzugreifen. Als der Widerstand von Teilen des Adels und des Bürgertums gegen Ludwig XIV. 1653 zusammengebrochen war, baute der König seine Macht zu einer „absoluten" Herrschaft aus. Er höhlte das Mitwirkungsrecht der Stände bei der Bewilligung von Steuern weiter aus, konnte es aber nicht ganz beseitigen.

Wichtige Neuerungen, die die Macht der absolutistischen Herrscher stützten, waren der Hof, der den Mittelpunkt des Staates bildete, und das **stehende Heer**. Es unterstand direkt dem König. Auch die Kirche war eine Säule der absolutistischen Macht. Das französische Herrschaftssystem des **Absolutismus** wurde zum Vorbild für viele andere europäische Staaten.

Eng mit der Epoche des Absolutismus ist die Entstehung des Staates im modernen Sinne verbunden: Es bildete sich ein zentralisierter Verwaltungsstaat heraus, zu dessen wesentlichen Bestandteilen das Staatsgebiet, das Staatsvolk und die Staatsgewalt gehörten. Durch eine leistungsfähige Verwaltung steigerte der Herrscher seine Einnahmen, mit dem stehenden Heer sicherte er sich das Gewaltmonopol im Inneren und stärkte die Abwehrkraft nach außen.

Der Merkantilismus

Der große finanzielle Bedarf zwang den absolutistischen Herrscher, sich intensiv um den Bereich der Wirtschaft zu kümmern. Allgemeines Ziel der Wirtschaftspolitik war die Steigerung der Ausfuhr und die Beschränkung der Einfuhr. Die Wirtschaftspolitiker Ludwigs XIV. unterstützten die Gründung von **Verlagen** und **Manufakturen**. Die hochwertigen Waren wurden als entscheidend für den Reichtum des Staates

---

Stehendes Heer
Das stehende Heer bildete eine wichtige Säule der absolutistischen Herrschaft. Es bestand auch in Friedenszeiten und machte den König unabhängig von einer Unterstützung des Adels.

Absolutismus
(von lat. legibus absolutus = von den Gesetzen losgelöst) Bezeichnung für eine Regierungsform, die ihren Höhepunkt im 17. und 18. Jahrhundert fand. Der Monarch beanspruchte die uneingeschränkte Macht ohne Mitwirkung der Stände, weil er sich als Stellvertreter Gottes auf Erden verstand. Der Herrscher leitete die Verwaltung, gleichzeitig gingen von ihm die Gesetzgebung und die Rechtsprechung aus.

Merkantilismus
Der Merkantilismus war die vorherrschende Wirtschaftspolitik in der Zeit des Absolutismus. Er hatte das Ziel, die Ausfuhr des Staates zu erhöhen und die Einfuhr zu beschränken. Die Überschüsse aus dem Handel – vor allem durch die Ausfuhr hochwertiger Fertigwaren – wurden als entscheidend für die Erhöhung des Reichtums des Staates betrachtet. Kritisiert wurde am Merkantilismus, dass er einseitig auf den Export von Fertigwaren ausgerichtet war.

Verlage
Als Verlag bezeichnet man eine gewerbliche Organisationsform, bei der sowohl die Leitung der Produktion als auch die Materialbeschaffung und der Absatz in der Hand eines Unternehmers (Verlegers) liegen. Die verschiedenen Arbeitsschritte werden jedoch in einzelnen Gewerbebetrieben (Manufakturen) bzw. in Heimarbeit ausgeführt.

Manufaktur
Vorindustrieller Gewerbebetrieb mit Arbeitsteilung und vorwiegend Handarbeit (von lat. manu factum = mit der Hand gemacht). Eine Manufaktur produzierte zumeist hochwertige Güter für den Bedarf des Hofes (Kleider, Kutschen, Spiegel, Uhren, Porzellan) oder des Militärs (Uniformen, Waffen, Munition). Die größte Verbreitung in Europa hatten die Manufakturen im 17. und 18. Jahrhundert.

▸ Absolutismus

▸ Ludwig XIV. übernimmt die Regierung in Frankreich

ab 15./16. Jh.   1661

10. Absolutismus und Aufklärung

betrachtet. Die Landwirtschaft wurde dagegen vernachlässigt. Vom Merkantilismus profitierten vor allem Kaufleute, Bankiers, Verleger und Manufakturbesitzer.

Alternative England

Das in England seit der Magna Charta bestehende Parlament hatte im Laufe des 14. Jahrhunderts seine Befugnisse erweitert. Es teilte sich nun in Oberhaus (Lords) und Unterhaus (Commons) und besaß das ausschließliche Steuerbewilligungsrecht.

Der Versuch der Dynastie der Stuarts im 17. Jahrhundert, das **Machtgleichgewicht** zwischen Krone und Parlament zugunsten einer absolutistischen Herrschaft zu verschieben, endete im Bürgerkrieg, in einer zeitweiligen Militärdiktatur unter Oliver Cromwell und schließlich in der „Glorious Revolution" von 1688. Mit der Bill of Rights (1689) wurde der Monarch in Fragen der Gesetzgebung und des Staatshaushalts vom Parlament abhängig. Zu Beginn des 18. Jahrhunderts war England eine **konstitutionelle Monarchie**, die außenpolitisch eine Gleichgewichtspolitik vertrat.

Aufklärung

Gelehrte der Aufklärung wie Montesquieu, Rousseau, Voltaire oder Kant, erhoben die Vernunft zum Maßstab aller Dinge. In Wissenschaft und Technik gelangen ihnen zahlreiche Entdeckungen und Erfindungen. Auch den Staat wollten sie neu organisieren. Sie verwiesen auf die natürlichen Rechte der Menschen und übten Kritik am Machtanspruch der absolutistischen Herrscher. Der französische Jurist Charles de Montesquieu entwickelte 1748 die Idee der **Gewaltenteilung**.

Die Ideen der Aufklärer verbreiteten sich vor allem im gebildeten Bürgertum und in Teilen des Adels. In Lesegesellschaften wurden sie diskutiert. Die Aufklärung erreichte auch die Fürsten. Friedrich II. von Preußen war nur einer von vielen Herrschern seiner Zeit, die einzelne Gedanken der Aufklärung aufgriffen. Aus diesem Grund nennt man deren Herrschaft zuweilen auch die Zeit des **aufgeklärten Absolutismus**.

Gleichgewichtspolitik

Außenpolitische Zielsetzung seit dem 18. Jahrhundert, nach der ein Gleichgewicht der europäischen Mächte (balance of power) sichergestellt werden sollte. Vor allem England vertrat dieses Prinzip, um die Vormacht eines Staates auf dem europäischen Kontinent zu verhindern.

Konstitutionelle Monarchie

Die konstitutionelle Monarchie ist eine Form der Staatsverfassung, in der die absolute Macht des Monarchen durch eine Verfassung (Konstitution) beschränkt wird. Sie wurde zuerst in England mit der Bill of Rights von 1689 verwirklicht. Der Monarch wurde in der Gesetzgebung und in der Aufstellung des Staatshaushaltes vom Parlament abhängig.

Gewaltenteilung

Nach Montesquieus Schrift „Vom Geist der Gesetze" (1748) setzt sich die Staatsgewalt aus drei Arten zusammen: die gesetzgebende Gewalt (Legislative), die regierende oder ausübende Gewalt (Exekutive) und die rechtsprechende Gewalt (Judikative), die dafür sorgt, dass die Gesetze eingehalten werden.

Aufgeklärter Absolutismus

Der aufgeklärte Absolutismus war eine Staatsform, die sich nicht mehr aus dem „Gottesgnadentum" begründete, sondern aus einer rationalen, vernunftgeleiteten Staatsverwaltung, die sich am Wohl des Gesamtstaates und seiner Untertanen orientierte.

Höhepunkt des Absolutismus

17./18. Jh.

10. Absolutismus und Aufklärung

Daten und Ereignisse

1661	Ludwig XIV. übernimmt die Regierung in Frankreich.
1685	Edikt von Fontainebleau: Vertreibung der Hugenotten aus Frankreich
1688	„Glorious Revolution"
1701	Preußen wird Königreich
1740	Friedrich II. wird König von Preußen
1748	Charles de Montesquieu: „Vom Geist der Gesetze"
1756–1763	Siebenjähriger Krieg
1772	erste Aufteilung Polens (zwei weitere folgen 1793 und 1795)
1784	Immanuel Kant: „Was ist Aufklärung"

Herrschaft im Absolutismus

König (absoluter Monarch)

- Hof und einheitliche Verwaltung
- stehendes Heer
- Merkantilismus
- Nationalkirche

Untertanen

Biographie

Ludwig XIV.

Ludwig XIV. (1638–1715) übernahm 1661 im Alter von 23 Jahren die Regierung, nachdem seine Mutter Anna schon 1643 in seinem Namen die Regentschaft innehatte. Ludwig verlegte 1682 die kaiserliche Residenz von Paris nach Versailles, wo die prunkvolle Hofhaltung ein stilprägendes Symbol des Absolutismus wurde. Als Sinnbild für seine Herrschaft wählte Ludwig XIV. die Sonne, was zu der Bezeichnung Sonnenkönig führte. Da Ludwig XIV. nur eine einheitliche Religion in seinem Staat zulassen wollte, wurden seit 1685 die Hugenotten aus Frankreich vertrieben. Eine Reihe von zunächst erfolgreichen, dann aber sehr verlustreichen Kriegen (zuletzt der Spanische Erbfolgekrieg 1701–1713/14) erforderte eine immer höhere Steuerlast, was schließlich in eine Finanzkrise mündete.

Friedrich II.

Friedrich II. (1712–1786) übernahm 1740 nach dem Tod seines Vaters die Herrschaft über Preußen. Er hatte vor seiner Thronbesteigung in engem Briefverkehr mit bedeutenden Philosophen seiner Zeit gestanden, weshalb er im Ruf stand, eine auf Recht und Vernunft gegründete Politik zu vertreten. Seine Außenpolitik unterschied sich allerdings kaum von der seines Vaters: Er war daran interessiert, Preußen zu einer Großmacht zu erheben. So eroberte er die Provinz Schlesien, die er im Siebenjährigen Krieg (1756–1763) behauptete. Im Jahr 1772 einigte er sich mit Russland und Österreich über die gewaltsame Aufteilung Polens.

10. Absolutismus und Aufklärung

Struktur der französischen Gesellschaft

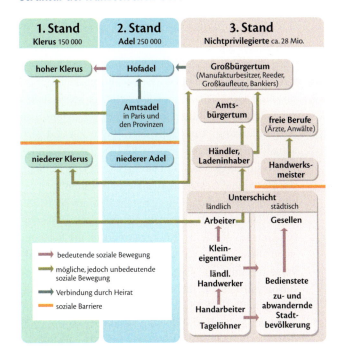

Der Aufbau der englischen Gesellschaft im 17. Jahrhundert

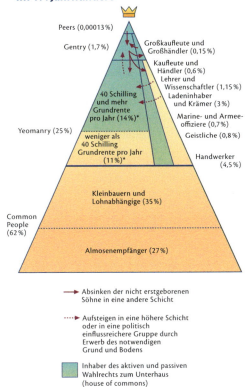

Biographie

Immanuel Kant

Der Philosoph Immanuel Kant (1724–1804), der abgesehen von einer kurzen Hauslehrerzeit seine Heimatstadt Königsberg nie verlassen hatte, gehört zu den einflussreichsten Denkern der Neuzeit. 1770 wurde er Professor an der Königsberger Universität. Mit seinen danach verfassten drei großen Werken „Kritik der reinen Vernunft", „Kritik der praktischen Vernunft" und „Kritik der Urteilskraft" wirkt er bis in die heutige Zeit. Bekannt ist sein „kategorischer Imperativ", demzufolge man so handeln soll, dass das eigene Handeln jederzeit als Prinzip einer allgemeinen Gesetzgebung gelten könnte. Mit seiner kurzen Schrift „Was ist Aufklärung" etablierte er sich als einer der großen Aufklärer seiner Zeit.

Merkantilismus

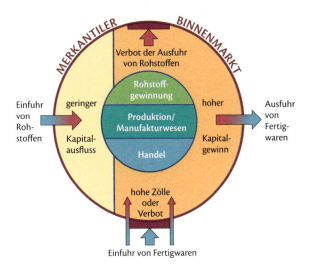

11. Die Französische Revolution

Nationalversammlung/Nationalkonvent
Bezeichnung für eine gewählte Volksvertretung, die eine Verfassung für den Staat erarbeiten soll; von 1792 bis 1795 wurde sie Nationalkonvent genannt.

Revolution
(lat. revolutio = Umwälzung) Der absichtliche, meist gewaltsame Umsturz einer politischen und gesellschaftlichen Ordnung. Er bedeutet zumeist für alle Beteiligten eine tief greifende Veränderung der Lebensverhältnisse. Weil das Bürgertum Träger der Französischen Revolution war, wird die Umwälzung ab 1789 in Frankreich auch als „bürgerliche Revolution" bezeichnet.

Menschen- und Bürgerrechte
Besitzt jeder Mensch unabhängig von seiner Stellung in Staat und Gesellschaft durch seine Geburt. Sie gelten unabhängig von Hautfarbe, Geschlecht, Sprache, politischen Vorstellungen, Religion und nationaler oder sozialer Herkunft. Bürgerrechte stehen jedem Staatsbürger zu, z. B. das Wahlrecht.

Ursachen und Verlauf der Französischen Revolution

Vor 1789 verschärften sich in Frankreich die Probleme in Staat und Gesellschaft: Der Staat war hoch verschuldet, Bürger und Bauern sahen sich gegenüber den privilegierten Ständen benachteiligt. Klerus und Adel kritisierten ihre eigene politische Bedeutungslosigkeit im absolutistischen Staat, wehrten sich aber gegen Reformen. Bauern und Bürger forderten unter dem Eindruck von Aufklärung, Amerikanischer Revolution und wirtschaftlichen Problemen mehr Rechte und bessere Lebensbedingungen. König Ludwig XVI. gelang es nicht, die Staats- und Gesellschaftskrise zu bewältigen.

Mit der Einberufung der Generalstände im Mai 1789 leitete Ludwig XVI. ungewollt das Ende seiner absoluten Herrschaft ein. Im Juli erklärten sich die Vertreter des dritten Standes zur verfassunggebenden **Nationalversammlung**. Als Beginn der Französischen **Revolution** gilt der 14. Juli 1789 mit dem Sturm auf die Bastille in Paris. Es werden drei „Revolutionen" unterschieden: 1. Die Revolution der Nationalversammlung, die eine Verfassung ausarbeitete und die Privilegien von Adel und Klerus aufhob. 2. Die Revolution der „Massen von Paris" mit dem Sturm auf die Bastille. 3. Die Revolution der Bauern, die zum Ende der Leibeigenschaft führte. Ende August 1789 proklamierte die Nationalversammlung die **Menschen- und Bürgerrechte** und legte 1791 eine Verfassung mit Gewaltenteilung und Grundrechten vor.

Der dritte Stand, der das wirtschaftlich erfolgreiche Großbürgertum, Bildungsbürger, Kleinbürger und Bauern umfasste, war der eigentliche Träger der Revolution. Er verstand sich als **Nation**. In den Debatten der Nationalversammlung zeigten sich jedoch auch unterschiedliche politische Auffassungen: Die Girondisten, die Vertreter des Großbürgertums, waren für die Republik, jedoch gegen direkte Volksherrschaft und radikale soziale Reformen. Dagegen forderten die Jakobiner, ebenfalls Gegner der Monarchie und unterstützt von vielen Pariser Kleinbürgern (Sansculotten), eine direkte Volksherrschaft und grundlegende Sozialreformen. Frauen waren nicht politisch gleichberechtigt.

1776	1787	1789		1791
▶ Unabhängigkeitserklärung der Vereinigten Staaten von Amerika	▶ Amerikanische Verfassung	5. 5. 1789: Generalstände in Frankreich werden einberufen ▶ 17. 6. 1789: 3. Stand erklärt sich zur Nationalversammlung	14. 7. 1789: Sturm auf die Bastille ▶ 26. 8. 1789: Erklärung der Menschen- und Bürgerrechte nach amerikanischem Vorbild	▶ Verkündung einer neuen Verfassung

11. Die Französische Revolution

Revolutionskriege und Radikalisierung der Revolution

1792 wurde auf Druck der Sansculotten König Ludwig XVI. abgesetzt und die Republik ausgerufen. Verschärft wurde die innenpolitische Lage dadurch, dass Frankreich, um einem drohenden Angriff der verbündeten Monarchien in Europa zuvorzukommen, 1792 Österreich und Preußen den Krieg erklärte. Militärische Erfolge Frankreichs und die Hinrichtung des Königs ließen weitere europäische Monarchien wie Spanien und England in den Krieg eintreten. In der innenpolitisch feindseligen Atmosphäre schalteten die Jakobiner die Girondisten im **Nationalkonvent** mit Hilfe der Pariser „Massen" aus. Es kam zur Schreckensherrschaft des „Wohlfahrtsausschusses", der Revolutionsregierung unter Robespierre (Juni 1793 bis Juli 1794). Dem französischen Volksheer gelang es, an den Fronten die Oberhand zu gewinnen. Angesichts der Terrorherrschaft des Wohlfahrtsausschusses wandten sich gemäßigte Republikaner immer stärker gegen die Herrschaft Robespierres, der schließlich durch den Nationalkonvent zum Tode verurteilt und hingerichtet wurde. Eine neue Verfassung stellte die Gewaltenteilung wieder her, die Exekutive bildete ein „Direktorium". Das Wahlrecht wurde, wie nach der Verfassung von 1791, an die Steuerleistung gebunden.

Die Herrschaft Napoleons und ihre Auswirkungen in Europa

Durch einen Militärputsch übernahm der General Napoleon Bonaparte 1799 die Macht, löste das Parlament auf und ernannte sich zum „Ersten Konsul". Die Revolution erklärte er für beendet. Seine Herrschaft rechtfertigte und festigte er durch Volksabstimmungen (1802 Konsulat auf Lebenszeit, 1804 Krönung zum Kaiser). Das Kaisertum Napoleons beruhte nicht nur auf militärischen Erfolgen, sondern auch auf innenpolitischen Leistungen, wie der Schaffung eines neuen Gesetzbuches, des „**Code civil**".
Napoleon erreichte eine Vormachtstellung in Europa. Als Folge wurde 1806 das **Heilige Römische Reich** aufgelöst und der französisch dominierte Rheinbund gegründet. Unter dem Eindruck dieser Entwicklung wurden u. a. in Preußen und den süddeutschen Staaten Verwaltungsreformen durchgeführt.

> **Nation**
> Eine große Gruppe von Menschen, die sich durch ihre Sprache, Kultur, Geschichte oder durch eine Verfassung verbunden fühlt. Nationen haben oder wollen eine gemeinsame staatliche Organisation und grenzen sich von anderen Nationen ab.
>
> **Code civil**
> Französisches Gesetzbuch von 1804, nach dem Auftraggeber auch „Code Napoléon" genannt. Der Code civil garantierte wichtige Errungenschaften der Französischen Revolution, wie die persönliche Freiheit und die Gleichheit vor dem Gesetz. Er beeinflusste viele spätere Gesetzbücher, z. B. das deutsche Bürgerliche Gesetzbuch.
>
> **Ende des Heiligen Römischen Reichs**
> 1806 verbündeten sich 16 deutsche Staaten politisch und militärisch mit Napoleon im „Rheinbund" und erklärten ihren Austritt aus dem Heiligen Römischen Reich Deutscher Nation. Mit der Niederlegung der Kaiserkrone durch Franz I. endete das Reich, das seit der Kaiserkrönung Ottos des Großen (962) bestanden hatte.

1792	1792–1794	1794–1799	1799	1806
Ludwig XVI. wird gefangen genommen und 1793 hingerichtet	Republik der Jakobiner (April 1793 bis Juli 1794: Schreckensherrschaft des Wohlfahrtsausschusses)	Republik der Bürger (Direktorium)	Napoleon übernimmt durch einen Staatsstreich die Regierung (seit 1804 Kaiser)	Auflösung des Heiligen Römischen Reiches Deutscher Nation

11. Die Französische Revolution

> **Biographie**
>
> ### Olympe de Gouges
>
> Marie Gouze (1748–1793) wurde in Südfrankreich als Tochter einer Wäscherin geboren. Als Autodidaktin verfasste sie bereits 1774, nachdem sie einige Jahre zuvor nach Paris gekommen war, eine Denkschrift gegen die Sklaverei. Diese wurde jedoch erst 1789 veröffentlicht. In diesen Jahren legte sie sich den Künstlernamen Olympe de Gouges zu, unter dem sie auch zahlreiche Theaterstücke schrieb. Während der Revolution wurde sie eine leidenschaftliche Vertreterin der Menschenrechte der Frauen, die in der von ihr 1791 formulierten Erklärung der Rechte der Frau und Bürgerin mündete. Während der Schreckensherrschaft wurde sie von einem Revolutionstribunal zum Tode verurteilt und im November 1793 hingerichtet.
>
>
>
> ### Maximilien de Robespierre
>
> Maximilien de Robespierre (1758–1794) war Rechtsanwalt aus der nordfranzösischen Stadt Arras. In der Nationalversammlung war er Abgeordneter des dritten Standes und vertrat in seinen Reden die Ideen des Aufklärers Jean-Jacques Rousseau. Als führender Kopf der Jakobiner trug er maßgeblich zum Sturz der Girondisten bei. Robespierres Name steht für die Zeit der Terrorherrschaft, die der regierende „Wohlfahrtsausschuss" unter seinem Vorsitz seit Juni 1793 ausübte. Am 27. Juli 1794 wurde Robespierre von seinen engsten Freunden gestürzt und am folgenden Tag hingerichtet.
>
>

Die französische Verfassung von 1791

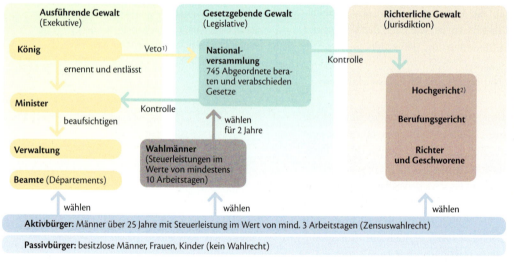

1) Das aufschiebende Veto des Königs konnte durch eine zweimalige Bestätigung des Gesetzes in der Nationalversammlung in zwei aufeinanderfolgenden Legislaturperioden aufgehoben werden.

2) Für Anklage gegen Minister, hohe Beamte und Staatsverbrecher

11. Die Französische Revolution

Die französische Ständegesellschaft und die Verteilung des Grundbesitzes 1780

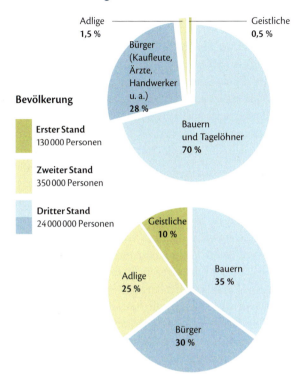

Bevölkerung
- Erster Stand: 130 000 Personen
- Zweiter Stand: 350 000 Personen
- Dritter Stand: 24 000 000 Personen

Biographie

Napoleon

Napoleon Bonaparte (1769–1821) wurde auf Korsika geboren. Im revolutionären Paris durchlief er die Ausbildung zum Offizier und errang später in Italien wichtige Erfolge gegen das österreichische Heer. Mithilfe der französischen Armee stürzte er 1799 die Direktoriumsregierung. Im gleichen Jahr noch trat eine neue Verfassung in Kraft, die Napoleon zur Durchsetzung seiner Alleinherrschaft nutzte. 1804 krönte er sich im Beisein des Papstes zum Kaiser der Franzosen. Bis 1812 baute er durch militärische Erfolge seine Herrschaft über ganz Europa aus. Im Jahre 1814 musste er abdanken und wurde auf die Mittelmeerinsel Elba gebracht. Nach einer kurzen Rückkehr nach Frankreich wurde er endgültig in der Schlacht bei Waterloo (1815) besiegt und auf die Insel St. Helena verbannt.

Europa unter napoleonischer Herrschaft 1804–1812

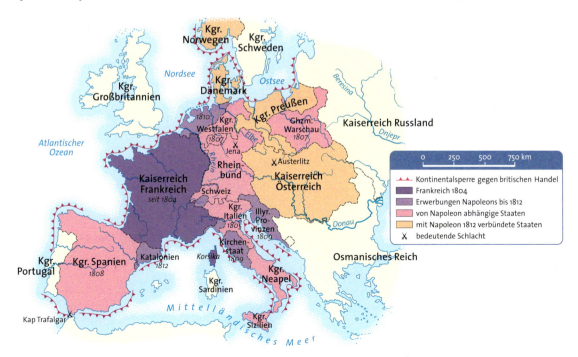

12. Restauration und Revolution in Europa

Die Nationalidee erwacht

Mit den Kriegen um die französische Vorherrschaft hatte Napoleon auch die in der Revolution schon wichtigen Ideen der Freiheit und nationalen Unabhängigkeit in den Kontinent getragen. Er hatte die Möglichkeiten Frankreichs aber überspannt. In den europäischen Staaten erwachten das Nationalbewusstsein und der Wunsch, die Fremdherrschaft abzuschütteln, zunächst in Spanien und in Tirol, bald auch in Deutschland.

Wiener Kongress

Auf dem Wiener Kongress (1815) fassten führende Vertreter der europäischen Monarchien Beschlüsse zur Neuordnung Europas nach dem Ende der napoleonischen Herrschaft. Grundsätze:
1. Restauration: Wiederherstellung der politischen Verhältnisse, wie sie vor der Französischen Revolution bestanden.
2. Legitimität: Begründung des Herrschaftsanspruchs der aristokratischen Herrscherhäuser Europas als „von Gott gegeben".
3. Solidarität: Gegenseitiger Beistand der Fürsten in der „Heiligen Allianz" zwischen Österreich, Russland und Preußen gegen die neuen Ideen (Freiheits- und Einheitsstreben).

Deutscher Bund

Lockerer Zusammenschluss der deutschen Staaten seit 1815 ohne einheitliche Regierung und Verfassung. Preußen und Österreich gehörten nur in Teilen ihres Staatsgebietes zum Deutschen Bund. Alle Mitglieder des Bundes unterhielten Gesandte beim Bundestag in Frankfurt am Main. Politisch besaß der Deutsche Bund nur so viel Macht, wie die Einzelstaaten, vor allem Preußen und Österreich, es zuließen.

Die Zeit der Restauration

Auf dem **Wiener Kongress (1815)** wurde das „nachnapoleonische" Europa neu geordnet. Hier bestimmten die europäischen Herrscher und ihre Vertreter. Sie lehnten es ab, die Freiheitswünsche ihrer Untertanen zu erfüllen. Vielmehr sorgten sie dafür, dass wieder Politik im absolutistischen Stil betrieben werden konnte. Ob Steuererhebung, Staatsausgaben, der Tausch von Territorien oder die Kriegführung – das Volk sollte nicht hineinreden können. „Restauration", Wiederherstellung des Alten, wurde das genannt. Ihre Ansprüche bezeichneten die Herrscher als legitim. Unrechtmäßig waren in ihren Augen die Forderungen der Französischen Revolution nach Freiheit, Gleichheit und Brüderlichkeit. Gegen freiheitliche und nationale Wünsche wollten sie „solidarisch" zusammenstehen. In Deutschland war eine Rückkehr zu den territorialen Verhältnissen des 18. Jahrhunderts nicht sinnvoll. Die frühere staatliche Zersplitterung fand in Wien keine Anhänger, abgewehrt wurden aber alle Bestrebungen, einen einheitlichen Nationalstaat zu gründen. So bildeten die deutschen Fürsten einen „**Deutschen Bund**". Das war ein lockeres Bündnis von 35 souveränen Landesherren und vier freien Städten. Doch der Wunsch nach Freiheit und Einheit ließ sich langfristig nicht unterdrücken: Bereits beim Wartburgfest (1817) verbrannten Studenten die Symbole der Fürstenherrschaft. Auf die heftiger werdende Kritik reagierten die deutschen Staaten 1819 mit den „Karlsbader Beschlüssen." Das war eine gesetzliche Grundlage für die Verfolgung kritischer Geister. So zogen sich in der Zeit nach 1819 viele Menschen in ihr Privatleben zurück und pflegten den Lebensstil des „Biedermeier", so genannt nach einem Schwaben, der in Gedichten die Geborgenheit häuslichen Glücks pries.

Der Vormärz

Das Hambacher Fest im Jahre 1832 wurde zu einer spektakulären Demonstration von 20 000 bis 30 000 Teilnehmern für die neuen Ideen, die vor allem von **Liberalen**, **Nationalen** und **Demokraten** vertreten

---

1814/15	1815	1817	1819	1832
▸ Wiener Kongress	▸ Gründung des Deutschen Bundes	▸ Wartburgfest	▸ Karlsbader Beschlüsse	▸ Hambacher Fest

wurden. Die Bewegung, an der nicht nur Studenten, sondern auch Handwerker und Bauern teilnahmen, wurde schnell zerschlagen, die Organisatoren wurden bestraft.

Seit den 1830er-Jahren verschärfte sich die soziale und wirtschaftliche Situation. Missernten, ausländische Konkurrenz und die Verdrängung von Hand- und Hausgewerbe durch Maschinen führten zu Not und Verarmung breiter Bevölkerungsschichten, die im Jahre 1844 den Weberaufstand in Schlesien auslösten. Diese Zeit des „Vormärz" war ein Vorspiel für das, was im März 1848 zur Ursache von Aufstand und Revolution wurde. Dichter und Schriftsteller mischten sich in die Politik ein. Mit spitzer Feder bekämpften die „Jungdeutschen" wie Heinrich Heine und Georg Büchner das „alte" Deutschland und gingen für ihre Überzeugung in das Exil.

Die Revolution von 1848/49

Nach dem Sturz der französischen Monarchie im Februar 1848 spitzte sich die politische Lage in den deutschen Staaten zu. Im März 1848 kam es in Berlin und in anderen Residenzstädten zu Barrikadenkämpfen. In Wien musste Fürst Metternich – der prominenteste Vertreter der Restauration – sein Amt niederlegen. Über Jahrzehnte hatte er die Geschicke Europas mitgestaltet und war zur Symbolfigur für die Unterdrückung der Stimmen für Freiheit und Einheit geworden.

Nach den Märzaufständen trat in der Frankfurter Paulskirche das erste gesamtdeutsche Parlament zusammen und verabschiedete nach langen Diskussionen im März 1849 eine Verfassung. Nach dem Vorbild der amerikanischen und französischen Verfassungen wurden zum ersten Mal in Deutschland die Grundrechte aller Bürger festgehalten und garantiert, die Forderungen nach Freiheit verbrieft.

Über den Weg zur deutschen Einheit stritten die Abgeordneten jedoch heftig. Es gab unterschiedliche Ziele und Vorstellungen zwischen Liberalen und Demokraten über den Fortgang der Revolution. Auch herrschte in Teilen der Bevölkerung Angst vor dem revolutionären Radikalismus. Entscheidend war jedoch, dass sich die Fürsten weigerten, die Beschlüsse der Abgeordneten zu akzeptieren. Der preußische König, der von den Parlamentariern als Staatsoberhaupt vorgesehen war, lehnte es ab, die Kaiserkrone aus der Hand von „Revolutionären" anzunehmen. Im Juni 1849 wurde das Parlament gewaltsam aufgelöst. Schon vorher hatten die monarchischen und adligen Gegenkräfte mit Unterstützung des Militärs begonnen, alle Bestrebungen nach Demokratie zu unterdrücken und radikal niederzuschlagen. Die Fürsten vereinbarten, den Deutschen Bund in der alten Form wiederherzustellen. Das bedeutete auch das Ende der Revolution von 1848/49.

Liberale

Anhänger einer politischen Bewegung für die Freiheitsrechte des Einzelnen und den Erlass einer Verfassung, in der die Grundrechte verbrieft sein sollten.

Nationale

Die Anhänger dieser politischen Bewegung betonten besonders die Gemeinsamkeiten von Menschen, die sich als eine deutsche Nation verstanden, z. B. durch die gemeinsame Sprache, Kultur, Geschichte. In übersteigerter, aggressiver Form nach außen wird diese Einstellung als „Nationalismus" bezeichnet.

Demokraten

Die Demokraten (zumeist Bildungsbürger, Journalisten, Akademiker, Kleinbürger, Handwerker, Arbeiter) wollten die Mitbestimmung aller Staatsbürger an politischen Entscheidungen: Allein der Wille des Volkes sollte die Politik bestimmen – entweder direkt (z. B. durch Volksentscheide) oder indirekt durch die Stimmen der Abgeordneten.

22.–24. 2. 1848: Revolution in Paris
13.–15. 3. 1848: Revolution in Wien, Rücktritt Metternichs
18.–19. 3. 1848: Revolution in Berlin
18. 5. 1848: Eröffnung der Nationalversammlung in Frankfurt am Main
28. 3. 1849: Verabschiedung der Reichsverfassung durch die Nationalversammlung
18. 6. 1849: Auflösung des so genannten Rumpfparlaments in Stuttgart
23. 7. 1849: Kapitulation der letzten aufständischen Truppen in Rastatt

1848   1849

12. Restauration und Revolution in Europa

Mitteleuropa nach dem Wiener Kongress

Biographie

Fürst von Metternich

Klemens Wenzel Fürst von Metternich (1773–1859), nach der Niederlage gegen Napoleon ab 1809 Außenminister Österreichs. 1813 übernahm er die diplomatische Führung im Kampf gegen Napoleon in den Befreiungskriegen. Auf dem Wiener Kongress wirkte er in führender Position an der Neuordnung Europas mit, indem er die Restauration der vorrevolutionären Ordnung unterstützte. Er betrieb die Unterdrückung der revolutionären Bewegungen des Vormärz; außenpolitisch sicherte er das Gleichgewicht der Großmächte in Europa. Sein starrer Konservatismus trug zur Revolution 1848 bei, in der er vorübergehend ins Ausland floh, 1851 aber wieder zurückkehrte.

Wilhelm Heinrich von Gagern

Wilhelm Heinrich von Gagern (1799–1880), Mitglied der Burschenschaft, wurde 1833 als Liberaler aus dem hessisch-darmstädtischen Dienst entlassen; Führer der Liberalen im Großherzogtum. 1848 wurde er zum Präsidenten der Frankfurter Nationalversammlung gewählt. Nachdem sein Modell eines „Engeren" und eines „Weiteren" Bundes gescheitert war, wirkte er an einer kleindeutschen Verfassung mit, die zur Wahl König Friedrich Wilhelms IV. zum deutschen Kaiser führte. Als dieser jedoch die Kaiserkrone ablehnte, trat er im Mai 1849 aus der Frankfurter Nationalversammlung aus. Später trat er auf Seiten Österreichs für den großdeutschen Gedanken ein.

12. Restauration und Revolution in Europa

Organigramm des Deutschen Bundes

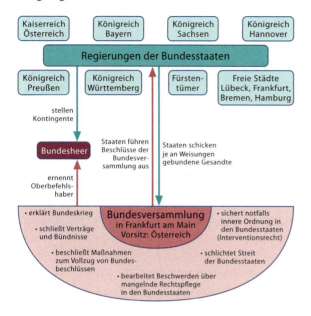

Die geplante Reichsverfassung vom März 1849

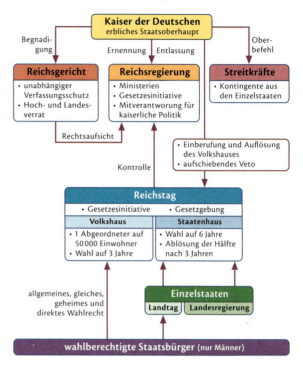

Biographie

Friedrich Hecker

Friedrich Hecker (1811–1881), ab 1842 Mitglied des badischen Landtages, wurde 1848 mit Gustav von Struve ein Führer der radikalen Linken und forderte zu Beginn der Revolution 1848 die Republik. Als es ihm nicht gelang, im Frankfurter Vorparlament seine Ziele  durchzusetzen, begann er zusammen mit Struve im April 1848 einen bewaffneten Aufstand in Baden, der kurz darauf mit Hilfe preußischer Truppen niedergeschlagen wurde. Hecker floh in die Schweiz, später in die Vereinigten Staaten von Amerika, wo er im Sezessionskrieg kämpfte. Die Politik des Reichskanzlers Bismarck (ab 1871) bewunderte er als Aufstieg Deutschlands.

Robert Blum

Robert Blum (1807–1848) kam aus ärmlichen Verhältnissen und wurde nach anfänglicher handwerklicher Tätigkeit in den 1830er-Jahren Theatersekretär und Bibliothekar in Leipzig. Der Autodidakt schrieb Gedichte und Theaterstücke und  gründete 1847 eine eigene Verlagsbuchhandlung. Während der Märzrevolution war er der Wortführer der Linksliberalen und ein Verfechter der Volkssouveränität im Frankfurter Parlament. Er wurde nach dem Sieg der Gegenrevolution am 9. November 1848 in Wien standrechtlich erschossen.

13. Die Industrialisierung

Industrialisierung

Als Industrialisierung (lat. industria = Fleiß) werden tief greifende technische, wirtschaftliche und soziale Veränderungen bezeichnet, die in der zweiten Hälfte des 18. Jahrhunderts in England und im übrigen Europa im 19. Jahrhundert begannen. Wichtige Merkmale waren der Einsatz von Maschinen, die Arbeitsteilung und die Massenproduktion in den entstehenden Fabriken. Der Begriff „Industrielle Revolution" wird für die Anfangsphase der Industrialisierung verwendet – wegen des für zeitgenössische Beobachter sehr schnellen Verlaufs und der drastischen Veränderung der Arbeits- und Lebensweise vieler Menschen.

Fabrik

(von lat. fabrica = Werkstätte) Zentralisierte Produktion von Waren in Gebäuden mit Kraftmaschinen (z. B. Dampfmaschine) als Antrieb und Arbeitsmaschinen (z. B. Drehmaschinen) zur Bearbeitung der Rohstoffe. Weitere Merkmale sind: Arbeitszerlegung in spezialisierte Tätigkeiten, eine größere Anzahl von Arbeitskräften als im Handwerksbetrieb und die Produktion in größeren Stückzahlen.

Proletariat

(von lat. proles = Nachkomme) Im Römischen Reich Angehöriger der unteren (rechtlosen) Schicht, deren Aufgabe es war, Nachkommen zu zeugen, z. B. für den Militärdienst. Im 19. Jahrhundert (nach Marx und Engels) die Klasse der Lohnarbeiter in einer auf dem Privateigentum an Produktionsmitteln (Fabriken, Maschinen usw.) begründeten industriellen Gesellschaft. Das Proletariat besaß keine Produktionsmittel und lebte vom Verkauf seiner Arbeitskraft.

Der Beginn der „Industriellen Revolution"

Die **Industrialisierung** begann in England. Technische Erfindungen hatten seit 1770 einen Wandel in der englischen Textilproduktion eingeleitet. Mit der Entwicklung einer funktionstüchtigen Dampfmaschine nahm die Industrialisierung ungeahnte Ausmaße an und revolutionierte die Produktionsweise und das Leben der Menschen. Daher wird diese Phase in der Geschichte auch als „Industrielle Revolution" bezeichnet.

In Deutschland setzte die Industrialisierung um 1830 ein. Zersplitterung in 38 Kleinstaaten, zahlreiche Zollgrenzen, verschiedene Währungen, Maße und Gewichte sowie das Fehlen staatlicher Fördermaßnahmen verzögerten den industriellen Aufschwung. Erst mit der Gründung des Deutschen Zollvereins 1833/34 wurden diese Rahmenbedingungen verbessert. Gegen Ende des 19. Jahrhunderts hatte Deutschland den Rückstand bei der Industrialisierung aufgeholt.

Ursachen und Folgen

Wesentliche Voraussetzung für den Beginn der Industrialisierung war ein Bevölkerungswachstum, das in den meisten europäischen Staaten durch Neuerungen und Verbesserungen in der Landwirtschaft ausgelöst wurde. Gleichzeitig bewirkte die Industrialisierung ein weiteres Anwachsen der Bevölkerung in ungeahntem Ausmaße. Zudem war eine Änderung der politischen Verhältnisse wie die Bauernbefreiung in Preußen 1807 notwendig. Dadurch standen für die neu entstehenden **Fabriken** genügend Arbeitskräfte bereit.

Die Arbeitsbedingungen in den Fabriken und Bergwerken waren anfangs sehr schlecht. Bei Arbeitszeiten von 14 bis 16 Stunden täglich lebten die Arbeiterfamilien in bitterer Armut und in erbärmlichen Wohnverhältnissen. In den Städten, die in den Industriezentren unge-

Erfindung der Dampfmaschine	Beginn der Industrialisierung in England	Beginn der Industrialisierung in Deutschland	Gründung des Deutschen Zollvereins	Erste Eisenbahnlinie in Deutschland eröffnet
1769	Um 1770	Um 1830	1833/34	1835

heuer schnell wuchsen, bildete sich die Arbeiterklasse, das **Proletariat**. Die Belastung der Frauen war besonders groß. Auch viele Kinder mussten von klein auf täglich schwer arbeiten. Das Problem der Umweltverschmutzung nahm erstmals bedrohliche Ausmaße an.

Lösung der „sozialen Frage"

Die bedrückende Arbeits- und Lebenssituation der Arbeiter warf die so bezeichnete „soziale Frage" auf. Die Arbeiter selbst bemühten sich im Rahmen von Arbeitervereinigungen, Parteien und **Gewerkschaften**, um eine Durchsetzung ihrer Interessen. Revolutionär wirkte die Lehre des **Sozialismus** bzw. **Kommunismus**, die Karl Marx und Friedrich Engels 1848 in ihrem „Kommunistischen Manifest" propagiert hatten. Sie enthielt die Vorstellung einer klassenlosen, gerechten Gesellschaft, die durch Umsturz der bestehenden Gesellschaftsordnung errichtet werden sollte.

Versuche zur Lösung der „sozialen Frage" kamen auch von einzelnen Unternehmern, von Vertretern der Kirche und vom Staat. Das Deutsche Reich war mit der von Bismarck 1883 eingeleiteten **Sozialpolitik** führend in diesem Bereich.

Globale Industriegesellschaft

Mittlerweile spricht man von einer zweiten und dritten industriellen Revolution. Die industrielle Wirtschaftsweise hat inzwischen weite Teile der Erde erfasst. Dabei wird immer deutlicher, dass eine weitere ungehemmte Industrialisierung die natürlichen Lebensgrundlagen aller Lebewesen gefährdet. Die Weltgemeinschaft steht vor der Aufgabe, die Probleme der Ausbeutung von Menschen und Ressourcen und der Umweltverschmutzung zu bewältigen.

Arbeiterbewegung

Gesamtheit der Organisationen der Industriearbeiter, die mit der Industrialisierung und dem kapitalistischen Wirtschaftssystem seit Beginn des 19. Jahrhunderts in Europa entstanden. Die Arbeiterbewegung entwickelte sich zu einer Massenbewegung mit Arbeiterparteien und Gewerkschaften. Hauptziele der Arbeiterbewegung waren die Verbesserung der wirtschaftlichen und sozialen Lage der Arbeiterschaft sowie die politische Mitsprache in einem demokratischen Staat.

Gewerkschaften

Sie entstanden als Teil der Arbeiterbewegung mit dem Ziel, die soziale Lage der Arbeiterschaft zu verbessern. Dabei ging es vor allem um geringere Arbeitszeiten, höhere Löhne und bessere Bedingungen am Arbeitsplatz.

Sozialismus/Kommunismus

(von lat. socius = Genosse) Der Sozialismus betont stärker die Gemeinschaft und Gesellschaft als die Rechte des Individuums. An die Stelle des Privateigentums an Produktionsmitteln tritt das Volkseigentum. Die Gleichheit aller Menschen innerhalb der Gesellschaft gilt als eines der obersten Ziele. Die Geschichte wird als eine Abfolge von Klassenkämpfen interpretiert, die erst im Kommunismus nicht mehr existieren. Als Kommunismus wurde – vereinfacht formuliert – die Endstufe der sozialistischen Gesellschaft verstanden.

Sozialpolitik

Maßnahmen des Staates, um die soziale Lage bestimmter gesellschaftlicher Gruppen zu verbessern. Staatliche Sozialgesetzgebung begann mit Kinderschutzgesetzen und der Sozialgesetzgebung (Krankenversicherung, Unfallversicherung, Alters- und Invalidenversicherung). Sozialpolitik gilt als reformerisches Gegenmodell zu den revolutionären Zielen einer Umwälzung der Herrschaft nach Marx und Engels.

1871/73	1873/75	1884	1890–1895	1913
„Gründerjahre" (in Deutschland)	„Gründerkrise"	Einführung der elektrischen Straßenbeleuchtung in Berlin	neue Hochkonjunktur in Deutschland	Fließbandproduktion zur Herstellung von Autos in den USA (Henry Ford)

13. Die Industrialisierung

Daten und Ereignisse – Arbeiterbewegung

1848	„Kommunistisches Manifest" von Karl Marx und Friedrich Engels
1863	Gründung des „Allgemeinen Deutschen Arbeitervereins" (Ferdinand Lassalle)
1869	Gründung der „Sozialdemokratischen Arbeiterpartei" (August Bebel/Wilhelm Liebknecht)
1875	Vereinigung der beiden Arbeiterparteien in Gotha zur „Sozialistischen Arbeiterpartei Deutschlands" (seit 1890 Sozialdemokratische Partei Deutschlands)
1878–1890	Verbot der Arbeiterpartei („Sozialistengesetz")
1883–1889	Staatliche Sozialgesetzgebung (Kranken-, Unfall-, Invaliden- und Altersversicherungsgesetz) in Deutschland

Wirtschaftliche Auswirkungen des Eisenbahnbaus 1860–1900

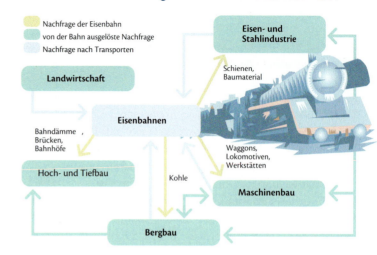

Durchschnittliches Monatseinkommen eines Arbeiterhaushaltes

	1800 beide Eltern und 2 Kinder arbeiten	1890 beide Eltern und 2 Kinder arbeiten	2005 beide Eltern arbeiten
Nettolohn in Mark/€	81,00	139,00	3450,00
Ausgaben für:			
Miete, Heizung	11,30	25,25	980,00
Strom	–	–	150,00
Nahrung, Getränke	58,30	76,75	734,00
Hausrat	2,40	5,60	270,00
Gesundheit/Hygiene	1,00	1,70	105,00
Kleidung, Schuhe etc.	5,00	7,70	235,00
Verkehr/Medien	–	–	421,00
Bildung /Unterhaltung	2,00	12,00	170,00
Versicherungen	–	6,80	150,00
Kosten gesamt	80,00	135,80	3110,00
Sparen/Taschengeld	1,00	3,20	340,00

(Zusammengestellt nach: W. Abel: Massenarmut und Hungerkrisen im vorindustriellen Deutschland, Göttingen 1972; sowie nach: Statistisches Bundesamt 2006)

Technische Entwicklungen in England

1709–1712	Thomas Newcomen baut eine Dampfmaschine für den Pumpenantrieb im Bergbau.
1733	John Kay verbessert den Webstuhl durch das „fliegende" Weberschiffchen.
1735	Abraham Darby II setzt den ersten Kokshochofen ein.
Um 1764	James Hargreaves baut eine Spinnmaschine („Spinning Jenny"), auf der viele Fäden gleichzeitig gesponnen werden können.
1769	James Watt meldet eine Dampfmaschine zum Patent an, eine Weiterentwicklung der Newcomen-Maschine.
1769	Richard Arkwright entwickelt eine Spinnmaschine, die mit Wasser- und Dampfkraft angetrieben werden kann.
1779	Samuel Crompton erfindet eine Universal-Spinnmaschine, mit der Schuss- und Kettgarne hergestellt werden können.
1783/84	Henry Cort lässt das Puddelverfahren (Herstellung von hochwertigem Schweißstahl aus Roheisen) patentieren.

13. Die Industrialisierung

Industrialisierung in Deutschland um 1850

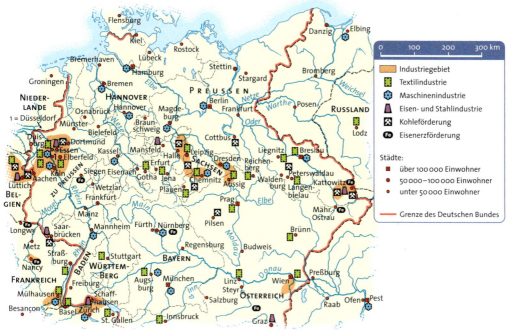

Biographie

Alfred Krupp

Der Großindustrielle und Erfinder Alfred Krupp (1812–1887) baute zunächst das Unternehmen seines Vaters aus. Durch die Erfindung des nahtlosen Radreifens für die Eisenbahn und den Einsatz moderner Verfahren zur Stahlerzeugung konnte er sein Unternehmen zum größten Industrieunternehmen Europas ausbauen. Ab Mitte des 19. Jahrhunderts verlagerte er die Produktion immer mehr auf Waffen. Krupp führte sein Unternehmen patriarchalisch. Er verlangte absoluten Gehorsam, sorgte aber auch mit Wohnungen und Sozialleistungen für seine Arbeiter. Er war ein strikter Gegner der Sozialdemokraten.

Karl Marx

„Arbeiter aller Länder, vereinigt euch!" Diese berühmten Worte schrieb Karl Marx (1818–1883) im Kommunistischen Manifest, das er gemeinsam mit Friedrich Engels (1820–1895) im Februar 1848 verfasst hatte. Damals glaubte niemand, dass das Manifest das weltweit meistgelesene Dokument der 1860er-Jahre werden würde. Marx wurde in eine wohlhabende Juristenfamilie in Trier geboren und studierte in Bonn und Berlin. 1842 wurde er Herausgeber der revolutionären „Rheinischen Zeitung" in Köln, die 1843 von der preußischen Zensur geschlossen wurde. Er ging nach Paris, wo er Friedrich Engels, den Sohn eines Barmer Fabrikbesitzers, traf. 1848 kehrte er zurück nach Köln, wurde aber 1849 aus Preußen verbannt und ging nach London, wo er bis zu seinem Tod lebte.

14. Das Deutsche Kaiserreich

Nationalstaat
Ein Staat, dessen Bürger ganz oder überwiegend Angehörige einer Nation sind. Im Unterschied dazu spricht man von einem Nationalitätenstaat oder Vielvölkerstaat, wenn ein Staat von mehreren großen Nationalitäten bewohnt wird, wie z. B. das ehemalige Jugoslawien.

Nationalismus
Wird meistens negativ als übersteigerte Form des Nationalgefühls und Überbewertung der eigenen Nation oder als aggressive nationale Interessenpolitik verstanden (frz. Chauvinismus, engl. Jingoismus). Oftmals wird Nationalismus zu einer Ideologie, die den Wert der eigenen Nation verabsolutiert und andere Völker abwertet.

Partei
In der Politik Zusammenschluss der Bürger mit gemeinsamen politischen Vorstellungen und Zielen. Merkmale einer Patei sind : 1. dauerhafte Organisation, 2. Parteiprogramm, in dem die Ziele formuliert sind, 3. Wille zur Beeinflussung der Politik (z. B. über Wahlen) und Teilnahme an der Regierungsgewalt. Parteien in diesem Sinne setzen eine repräsentative Demokratie voraus. Die deutschen Parteien entstanden seit den 1860er-Jahren aus Wahlvereinen. Vorläufer waren die politischen Klubs der 1848er Revolution.

Der Weg zum Nationalstaat
Nach der gescheiterten Revolution von 1849/49 blieb die politische Einigung im Deutschen Bund ein Hauptziel. Sie sollte auch helfen, Handel und Gewerbe zu beleben. Die Bildung eines Nationalstaates als „kleindeutsche Lösung" vollzog sich unter dem Einfluss militärischer Konflikte Preußens mit Dänemark und Österreich, wesentlich bestimmt durch den preußischen Ministerpräsidenten Bismarck. Während des Krieges gegen Frankreich 1870/71 verloren die Unterschiede zwischen den deutschen Staaten an Bedeutung. Die Ausrufung Wilhelms I. zum deutschen Kaiser besiegelte die Reichsgründung unter preußischer Führung ohne Österreich. Die 1871 erlassene Verfassung des Deutschen Kaiserreichs brachte aber nicht die von vielen Menschen erhoffte politische Freiheit, sie stellte die Vorherrschaft von König, Adel und Militär nicht infrage.

Parteien und Verbände
Zwar galt bei den Wahlen zum Reichstag das allgemeine gleiche Wahlrecht (nur Männer), dem Parlament fehlten aber wesentliche Rechte: Es hatte keinen Einfluss auf die Ernennung des Reichskanzlers und die Bildung der Regierung. 1871 waren die Grundrechte der Deutschen nicht in der Verfassung verankert. Die Parteien spiegelten die großen politischen Differenzen in der Gesellschaft wider. Zu den wichtigsten Parteien gehörten die Nationalliberalen, die Linksliberalen, das Zentrum, die Konservativen und die Sozialistische Arbeiterpartei Deutschlands, die spätere SPD.
Wirtschaftliche und gesellschaftliche Gruppen waren in Verbänden organisiert, zu denen vor allem der Centralverband Deutscher Industrieller, der Bund der Landwirte, die Freien Gewerkschaften sowie christliche und liberale Arbeitervereinigungen gehörten.
Frauen organisierten sich – ohne bis zum Ende des Kaiserreichs (1918) volle politische Rechte zu erlangen – in bürgerlichen und proletarischen Frauenvereinigungen.

- Bismarck wird preußischer Ministerpräsident
- Deutsch-dänischer Krieg
- Preußisch-österreichischer Krieg
- 1.7.1867: Gründung des Norddeutschen Bundes

1862   1864   1866   1867

14. Das Deutsche Kaiserreich

Wandel im Kaiserreich
Gesellschaft und Wirtschaft im Deutschen Kaiserreich waren von einem starken Wandel geprägt: Innerhalb weniger Jahrzehnte seit der Mitte des 19. Jahrhunderts vollzog sich ein großes Städtewachstum. Arbeitskräfte zogen vom Land in die Industriestädte, die Arbeitsplätze in den entstehenden Großbetrieben und Verwaltungen und vielfältige Unterhaltungsmöglichkeiten boten. Trotz der abnehmenden Bedeutung von Herkunft, Rang und Adelsprivilegien blieb die Gesellschaft des Kaiserreichs eine Gesellschaft starker sozialer Unterschiede, die jedoch durch einen „Aufstieg durch Bildung" gemildert wurden.

Integration durch Ausgrenzung
Das Deutsche Reich war kein in sich geschlossener, einheitlicher Nationalstaat: Viele Deutsche lebten außerhalb der Reichsgrenzen, umgekehrt gab es polnische und dänische Minderheiten im Reichsgebiet.
Weiter stellten konfessionelle Spannungen und soziale Probleme den Staat vor enorme Herausforderungen. Sie zeigten sich in der Diskussion um die Erziehung und Bildung. Reformen des Unterrichts und die langsame Verbesserung der Mädchenbildung (Zulassung zum Abitur 1908) zeigen, dass das Deutsche Reich sich wandelte.
Bismarck nutzte das Nationalgefühl zur Ausgrenzung von so genannten Reichsfeinden. Sein Kampf gegen die katholische Kirche (**Kulturkampf**) und die Sozialdemokratische Partei (**Sozialistengesetz**) blieb erfolglos. Nationalistische Einstellungen führten in der Gesellschaft zu Fremdenhass und einem verschärften Antisemitismus.

Bismarcks Außenpolitik
Durch ein ausgeklügeltes und stellenweise widersprüchliches Bündnissystem versuchte Bismarck, zwischen den europäischen Großmächten ein Gleichgewicht herzustellen und Frankreich zu isolieren. So wollte er im Konfliktfall einen Zweifrontenkrieg für das Deutsche Kaiserreich verhindern.

Kulturkampf
Auseinandersetzung zwischen dem Deutschen Reich und der katholischen Kirche um Machtansprüche und die Abgrenzung staatlicher und kirchlicher Einflussbereiche. Reichskanzler Bismarck versuchte in den 1870er-Jahren, die Ansprüche des Staates durch eine Reihe von Gesetzen gegen die katholische Kirche durchzusetzen, z. B. Kanzelparagraf (Prediger, die von der Kanzel staatliche Angelegenheiten erörterten, konnten strafrechtlich verfolgt werden), Verbot des Jesuitenordens, Einführung der Zivilehe. Die Kulturkampfgesetzgebung forderte den Widerstand des Katholizismus heraus, sodass Bismarck seine Maßnahmen schrittweise zurücknehmen musste.

Sozialistengesetz
Das „Gesetz wider die gemeingefährlichen Bestrebungen der Sozialdemokratie" galt nach mehrfacher Verlängerung von 1878 bis 1890. Es war kein Verbot der Sozialdemokratischen Partei, aber eine starke Einschränkung der politischen Arbeitsfähigkeit, um den Einfluss der Sozialdemokratie auf die Arbeiterschaft zu mindern. Zum Anlass für das Gesetz nahm Reichskanzler Bismarck zwei auf den Kaiser verübte Attentate im Mai und im Juni des Jahres 1878 (an denen jedoch keine Sozialdemokraten beteiligt waren).
Das Gesetz verfehlte seine Absicht: Von 1877 bis 1890 verdreifachte sich die Zahl der sozialdemokratischen Wähler. 1890 wurde das Gesetz vom Reichstag nicht mehr verlängert.

Militarismus
bedeutet die Durchdringung und das Vorherrschen militärischer Grundsätze und Wertvorstellungen im öffentlichen und privaten Leben.

- 1870/71 — Deutsch-französischer Krieg
- 1871 — Gründung des Deutschen Kaiserreiches
- 1888 — Wilhelm II. deutscher Kaiser
- 1890 — Rücktritt Bismarcks als deutscher Reichskanzler

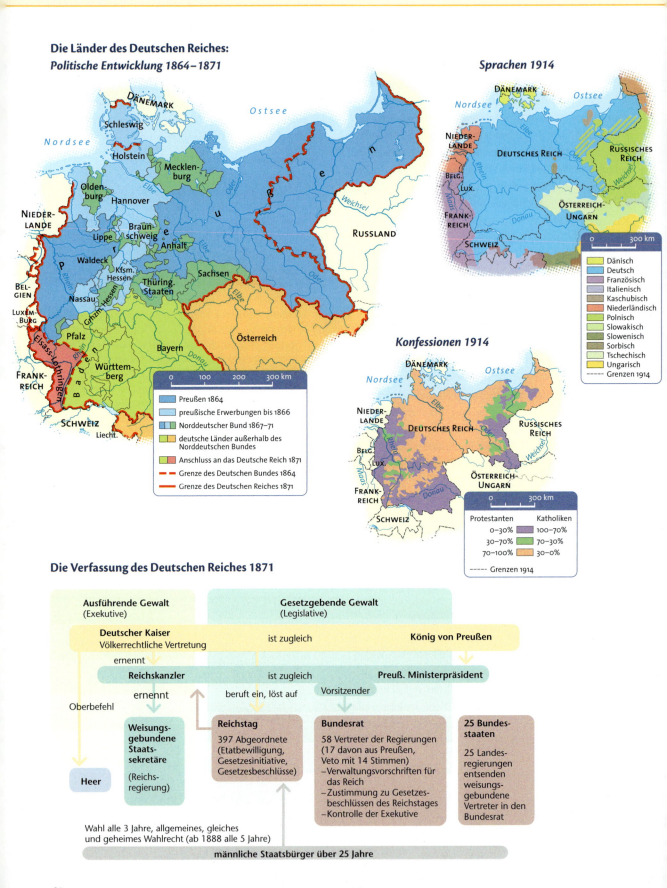

14. Das Deutsche Kaiserreich

Die preußischen Könige und deutschen Kaiser

1871–1888	Wilhelm I.
1888	Friedrich I.
1888–1918	Wilhelm II.

Biographie

Otto von Bismarck

Otto von Bismarck (1815–1898) entstammte einer alten preußischen Landadelfamilie und wurde im Sinne konservativer, monarchisch geprägter Werte erzogen. Nach einem Jurastudium und einer kurzen Dienstzeit als Beamter widmete er sich der Bewirtschaftung der väterlichen Güter. Gleichzeitig betätigte er sich aktiv in den politischen Gremien seiner Heimat. Schließlich kam er als konservativer Abgeordneter in den preußischen Landtag und tat sich dort als Kämpfer gegen die Revolution von 1848 hervor. Später lernte er als Gesandter in Frankfurt, Petersburg und Paris die deutsche und europäische Diplomatie kennen. Während eines Streits zwischen preußischem Abgeordnetenhaus und Krone berief ihn König Wilhelm I. 1862 zum preußischen Ministerpräsidenten. Bismarcks aggressive Kriegspolitik nach außen und seine geschickte Diplomatie zwischen den deutschen Fürsten führten 1871 zur Gründung des Deutschen Kaiserreichs, dessen Politik er als Reichskanzler bis 1890 bestimmte.

Bündnissystem der Außenpolitik Bismarcks

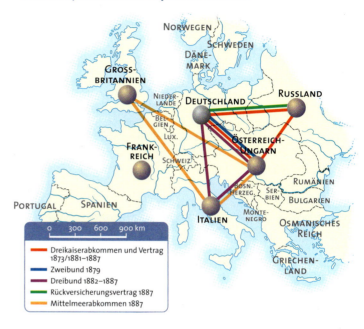

Gesellschaft im Kaiserreich

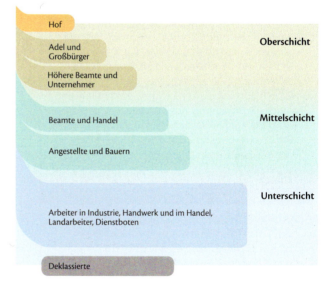

15. Imperialismus und Erster Weltkrieg

Imperialismus

Als Imperialismus wird die Herrschaft eines infolge seiner Industrialisierung weiter entwickelten Staates über weniger entwickelte Länder bezeichnet. Ziele der Herrschaft sind eine massive politische und kulturelle Einflussnahme, wirtschaftliche Ausbeutung der abhängigen Länder (vor allem in Afrika und Asien) sowie die Schaffung eines vom Mutterland aus gesteuerten Reiches (Empire). Diese Zielsetzung löst Konkurrenzdenken zwischen den imperialistischen Mächten aus und führt zu politischen und militärischen Auseinandersetzungen. Als Epoche des Imperialismus bezeichnet man den Zeitraum zwischen ca. 1880 und 1914/18.

Kolonialismus/Kolonie

In enger Verbindung mit dem Imperialismus steht der Kolonialismus. Damit werden die Bemühungen europäischer Staaten seit dem 15. Jahrhundert bezeichnet, durch Kolonien in Übersee Rohstoffquellen zu erschließen, Absatzmärkte und Siedlungsmöglichkeiten zu schaffen sowie ihre Machtstellung in Europa zu sichern. Kolonien kann man in Siedlungs-, Wirtschafts-, Militär- und Strafkolonien unterteilen. Die Kolonien wurden zum größten Teil erst in den sechziger Jahren des 20. Jahrhunderts selbstständig.

Sozialdarwinismus

Der britische Naturforscher Charles Darwin (1809 bis 1882) lehrte, dass die natürliche Auslese im „Kampf um das Dasein" Entstehung und Entwicklung der Arten verursacht (Evolutionstheorie). Die Übertragung dieser Theorie auf die menschliche Gesellschaft nennt man Sozialdarwinismus. Aus ihr heraus werden soziale Ungleichheit und Rassismus gerechtfertigt. Daraus wird z. B. auch abgeleitet, dass ein Volk untergehen müsse, das nicht in der Lage sei, sich gegen andere zu behaupten.

Kongo-Konferenz

An dieser von Belgien veranlassten und von Bismarck nach Berlin einberufenen Konferenz (1884–1885) nahmen 14 Mächte teil. Sie beschlossen die Kongoakte: Anerkennung des „Unabhängigen Kongostaates" als Eigentum des belgischen Königs Leopold II. und Bestätigung des französischen Besitzes des Protektorats Congo (heute: Republik Kongo). Die Kongo-Konferenz verhinderte ein britisches Kolonialmonopol.

Triebkräfte des Imperialismus

Schon im 16. Jahrhundert hatten Spanien und Portugal in Südamerika Kolonien gegründet. Ihnen folgten die Holländer, die Franzosen und seit Mitte des 18. Jahrhunderts die Briten. Diese Periode der Kolonialherrschaft war jedoch nicht sehr intensiv, sie erfasste – mit Ausnahme des amerikanischen Kontinents – meist nur die Küstenregionen. Dies änderte sich im 19. Jahrhundert, der Phase des Hochimperialismus seit etwa 1880. Als wesentliche Grundlage für diese imperialistische Politik gilt die Industrialisierung mit ihren technischen und finanziellen Möglichkeiten. Industrieunternehmen suchten nach Rohstoffen und Absatzmärkten und die Kolonien boten Siedlungsraum für die schnell wachsende Bevölkerung in Europa.

Auch militärische Interessen und Sicherheitsbedürfnisse gegenüber den anderen Großmächten verstärkten den Eroberungsdrang. Innenpolitische Spannungen in den europäischen Ländern wurden in nationalistische und imperiale Ziele nach außen abgeleitet. Die Idee des Sozialdarwinismus, die Behauptung von der Überlegenheit der „weißen Rasse", verstärkte die Einstellung der Europäer, die „armen Wilden" religiös missionieren und von der angeblichen Höherwertigkeit der Kultur der Europäer überzeugen zu müssen. Staatliche, militärische und wirtschaftliche Schwächen der außereuropäischen Länder bzw. Völker verstärkten die Herrschaftsansprüche der Europäer.

Herrschaft in den Kolonien

Die Grenzen der eroberten Gebiete wurden nicht mit den Einheimischen abgestimmt, sondern in Verhandlungen der Kolonialmächte untereinander festgelegt. Traditionelle Rechte, Besitzungen von Volksgruppen und Großfamilien sowie kulturelle Bindungen blieben unberücksichtigt. Erhebungen wie der Hereros in Afrika oder der so genannte Boxeraufstand in China wurden mit militärischer Gewalt niedergeschlagen.

Sowohl Formen direkter als auch indirekter Herrschaft zielten auf eine effektive Nutzung der Kolonien und ihrer Bewohner ab. Verwaltungsapparate wurden von europäischen Beamten geleitet, zum Teil unterstützt von geachteten und angesehenen Einheimischen. Die

▶ Zeitalter des Hochimperialismus   ▶ Regierungszeit Wilhelm II.

Ab 1880   1888–1918

15. Imperialismus und Erster Weltkrieg

Folgen der massiven Eingriffe in Gesellschaft, Kultur, Wirtschaft und Lebens- und Naturräume waren so schwer wiegend, dass sie diese ehemaligen Kolonien teilweise noch heute prägen, wie z. B. durch Bürgerkriege und aufgrund künstlicher Grenzziehungen.

Konflikt- und Schlachtfeld Europa
Die Rivalitäten der imperialistischen Staaten um Gebiete in Afrika und Asien verstärkten die Spannungen in Europa. Die Rüstungsausgaben stiegen; vor allem Großbritannien und das Deutsche Reich sahen sich als direkte Konkurrenten. Dazu kam das durch den Krieg von 1870/71 schwer belastete deutsch-französische Verhältnis. Unter solchen Belastungen brach das nach 1871 aufgebaute Bismarck'sche Bündnissystem zusammen. Die Politik Kaiser Wilhelms II. führte Deutschland immer mehr in die Isolation und die anderen Großmächte – in wechselnden Partnerschaften – enger zusammen.

Die Lage in Europa verschärfte sich durch die **Nationalitätenkonflikte auf dem Balkan**. Als im Juni 1914 das österreichisch-ungarische Thronfolgerehepaar in Sarajewo einem Attentat zum Opfer fiel und Österreich Serbien am 28. Juli den Krieg erklärte, schloss sich sein Bündnispartner, das Deutsche Reich, an. Machtpolitische Gegensätze und Interessenkonflikte im europäischen Staatensystem führten im August 1914 zum Ersten Weltkrieg.

Bald zeichnete sich ab, dass der Krieg zu einer langwierigen mörderischen Materialschlacht werden würde, die keiner schnell gewinnen konnte. Auch die verlustreichen Schlachten im Westen in **Verdun** und an der Somme (1916) brachten keine militärische Entscheidung. An der Heimatfront forderten die katastrophale Versorgungslage und die unmittelbaren Kriegseinwirkungen große Opfer. Der Kriegseintritt der USA am 6. April und die Oktoberrevolution in Russland machten das Jahr 1917 zu einem „Epochenjahr". Beide Ereignisse veränderten die Kräfteverhältnisse in Europa und der Welt grundlegend. Die USA, durch deren wirtschaftliche und militärische Überlegenheit der Krieg entschieden wurde, beanspruchten, bei politischen Entscheidungen in Europa mitzubestimmen.

Balkankriege
Mit den Balkankriegen sind die militärischen Auseinandersetzungen zwischen den christlichen Balkanstaaten und dem islamischen Osmanischen Reich gemeint. Im 1. Balkankrieg (1912–1913) kämpften Serbien, Bulgarien, Griechenland und Montenegro (Balkanbund) gemeinsam gegen das Osmanische Reich um die Aufteilung Makedoniens. Als Folge davon entstand Albanien und das Osmanische Reich musste fast alle europäischen Besitzungen aufgeben. Im 2. Balkankrieg griff Bulgarien seine bisherigen Verbündeten an, konnte seine Eroberungen in Makedonien jedoch nicht halten.

Verdun
Verdun ist eine französische Stadt in Lothringen, die durch die Schlacht um Verdun 1916 zum Symbol der Sinnlosigkeit der „Materialschlachten" des Ersten Weltkriegs wurde. Diese war die blutigste und verlustreichste Schlacht des Ersten Weltkriegs. Rund 700 000 Tote, Verwundete, Vermisste und Gefangene waren am Ende zu beklagen.

Völkerbund
Die internationale Organisation Völkerbund bestand von 1920 bis 1946 und war bereits 1918 vom US-Präsidenten Wilson vorgeschlagen worden. Zweck dieser Institution sollte es sein, den Frieden der Völker zu gewährleisten und ihre Zusammenarbeit zu fördern. Die 26 Artikel der Völkerbundsatzung waren Bestandteil aller nach 1918 zwischen den am Ersten Weltkrieg beteiligten Staaten geschlossenen Friedensverträge. Die Mitgliederzahl schwankte, da zu den ursprünglich 45 Völkerbundstaaten weitere 21 hinzukamen, bis 1942 aber wiederum 20 austraten. Deutschland gehörte dem Völkerbund in den Jahren 1926 bis 1933 an.
Zu den Sonderaufgaben des Völkerbundes zählten u. a. die Verwaltung von Kolonien und Territorien, ferner der Flüchtlingsschutz und die Bekämpfung der Sklaverei.
Die Bedeutung des Völkerbundes auf humanitärem Gebiet ist unbestritten. Hingegen war er nicht im Stande, den internationalen Frieden oder die territoriale Integrität der Mitgliedsländer zu bewahren.
Der Völkerbund erwies sich beim Beginn des Zweiten Weltkrieges als zunehmend ohnmächtig.

▶ Erster Weltkrieg

1914–1918

15. Imperialismus und Erster Weltkrieg

Daten und Ereignisse

1882	Gründung des Deutschen Kolonialvereins
1884/85	Deutschland erwirbt Kolonien in Afrika (Südwestafrika, Togo, Kamerun, Ostafrika).
1898	Flottengesetz; Beginn des Wettrüstens zwischen Deutschland und England
1904	„Entente cordiale": England und Frankreich verständigen sich über ihre kolonialen Interessen.
1905/06	1. Marokko-Krise: Wilhelm II. provoziert Frankreich und England in Nordafrika.
1907	England und Russland verständigen sich über ihre Interessengebiete in Asien.
1911	2. Marokko-Krise: Deutschland schickt das Kriegsschiff „Panther" ins marokkanische Agadir („Panthersprung") und verschärft dadurch die Spannungen mit England und Frankreich.
1912/13	Balkankrise
Aug. 1914	Beginn des Ersten Weltkriegs (bis 1918)

Biographie

Wilhelm II.

König von Preußen/Deutscher Kaiser (1859–1941) Im so genannten „Dreikaiserjahr" 1888 starben kurz hintereinander der Großvater Wilhelm I. und der Vater Friedrich III.; somit wurde der noch nicht Dreißigjährige neuer deutscher Kaiser. Er war, im Gegensatz zur liberalen Aufgeschlossenheit seiner Eltern, von seinem auf Gottesgnadentum gestützten Führungsanspruch fest überzeugt. Seine Machtansprüche („persönliches Regiment") gerieten bald in Konflikt mit dem Kanzler Bismarck, der 1890 entlassen wurde. Unbedachtheit und Unausgeglichenheit führten zu forschem Auftreten und äußerem Pomp während seiner Herrschaftszeit („Wilhelminismus"). Während des Ersten Weltkriegs trat er in den Hintergrund und flüchtete 1918 in die Niederlande. Bis zu seinem Tod 1941 hoffte er auf eine Wiederkehr der Monarchie in Deutschland.

Koloniale Aufteilung der Welt 1914

15. Imperialismus und Erster Weltkrieg

> **Biographie**
>
> ### Cecil Rhodes
>
>
>
> Cecil John Rhodes (1853–1902), Gründer und Namensgeber des Staates Rhodesien, war einer der bekanntesten Befürworter des britischen Imperialismus. Rhodes sah die Briten als „erste Rasse der Welt" an und träumte von einer Wiedervereinigung der anglo-amerikanischen Welt unter einer gemeinsamen, imperialen Regierung. Weil er als Kind an Tuberkulose litt, wurde er zu seinem Bruder nach Südafrika geschickt. Dort wurde er 1881 Mitglied des Parlaments und 1890 zum Premierminister der Kapkolonie gewählt. Durch Diamanten- und Goldgeschäfte wurde er einer der reichsten Männer der Welt.
>
> ### Bertha von Suttner
>
>
>
> Die aus Österreich stammende Schriftstellerin Bertha von Suttner (1843 bis 1914) erhielt 1905 für ihr Wirken in der internationalen Friedensbewegung den Friedensnobelpreis. Sie hatte 1891 die österreichische Gesellschaft für Friedensfreunde gegründet, die heute noch als Bertha von Suttner-Gesellschaft besteht. Berühmt ist ihr Roman „Die Waffen nieder" von 1899.

Deutsche Kolonialsoldaten bekämpfen den afrikanischen Stamm der Hereros (1904).
Zeitgenössische Lithographie aus Frankreich.

Mächtegruppen im 1. Weltkrieg

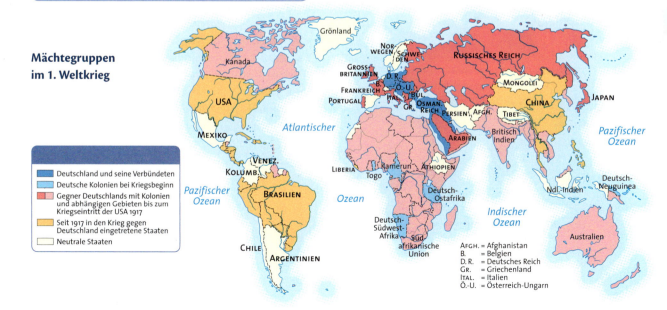

- Deutschland und seine Verbündeten
- Deutsche Kolonien bei Kriegsbeginn
- Gegner Deutschlands mit Kolonien und abhängigen Gebieten bis zum Kriegseintritt der USA 1917
- Seit 1917 in den Krieg gegen Deutschland eingetretene Staaten
- Neutrale Staaten

AFGH. = Afghanistan
B. = Belgien
D. R. = Deutsches Reich
GR. = Griechenland
ITAL. = Italien
Ö.-U. = Österreich-Ungarn

67

16. Die Weimarer Republik

Novemberrevolution in Deutschland und Gründung der Weimarer Republik

Die Weimarer Republik begann im Bewusstsein der Öffentlichkeit am 9. November 1918, dem Tag der „Novemberrevolution", an dem in Berlin die Republik zweimal ausgerufen wurde und Kaiser Wilhelm II. ins Ausland floh. Auch die Wahlen zur verfassunggebenden Nationalversammlung am 19. Januar 1919 oder der 14. August 1919, an dem die Weimarer Verfassung in Kraft trat, könnten als Gründungsdaten der Republik gesehen werden. Das Wahlergebnis zur Nationalversammlung bestätigte, dass politisch gemäßigte Kräfte die Mehrheit hatten und die Regierung stellten – die so genannte Weimarer Koalition aus SPD, DDP und Zentrum. Mit ihren Stimmen wurde auch die Verfassung angenommen, die Deutschland zu einer parlamentarischen Republik mit einem Reichspräsidenten an der Spitze machte.

Innenpolitische Belastungen und Gefahren

Die Weimarer Demokratie war durch politische und wirtschaftliche Krisen belastet, verschärft durch den **Versailler Vertrag**, der in Deutschland weithin als „Diktatfrieden" empfunden wurde und für den fälschlicherweise die junge Demokratie und ihre Politiker („Novemberverbrecher") verantwortlich gemacht wurden. Im März 1920 kam es zum so genannten Kapp-Lüttwitz-Putsch, der am Generalstreik und am passiven Verhalten der Ministerialbürokratie scheiterte. Das Krisenjahr 1923 zeigte die instabile Lage in voller Schärfe: Im Januar 1923 besetzten französische und belgische Truppen wegen ausstehender **Reparationszahlungen** das Ruhrgebiet. In Sachsen und Thüringen kam es zum Aufstand kommunistischer Kräfte, der durch Reichswehrtruppen niedergeschlagen wurde. In München misslang im November 1923 der so genannte Hitlerputsch. Außerdem hatte die Inflation 1923 zum völligen Verfall der Währung geführt.

Versailler Vertrag

Der Versailler Vertrag, einer der längsten und kompliziertesten Friedensverträge in der Geschichte, wurde im Juni 1919 im Versailler Schloss zwischen dem Deutschen Reich und 26 alliierten und assoziierten Mächten unterzeichnet. Deutschland wurde die Alleinschuld am Ersten Weltkrieg zugeschrieben; mit dieser Begründung musste es neben dem Verlust seiner Kolonien auch eine Reihe von Gebietsabtretungen in Europa hinnehmen. Außerdem wurden das deutsche Heer begrenzt und Reparationen gefordert. Bei aller materiellen Belastung beließen die Bedingungen des Vertrages Deutschland den Status einer potenziellen Großmacht.

Reparationen

Geldzahlungen oder Warenlieferungen, die der Besiegte an die Siegermächte als Entschädigung für Kriegsaufwendungen und Kriegsschäden zahlen muss. Nach dem Ersten Weltkrieg wurden zwischen 1920 und 1929 unterschiedliche Beträge für den Verlierer Deutschland festgelegt. Angesichts der Weltwirtschaftskrise seit 1929 wurde 1932 in Lausanne eine einmalige Zahlung von 3 Milliarden Goldmark festgelegt, die aber nicht mehr gezahlt wurde.

Russische Revolution	Weimarer Republik	Faschistische Diktatur in Italien (Mussolini)	Kommunistische Diktatur in der Sowjetunion (Stalin)
1917	1918–1933	1922–1943	1924–1953

Eine andauernde Gefahr für die Republik stellten ihre Gegner dar: antiparlamentarische Gruppen der radikalen Rechten und Linken, nationalistische, monarchistische, antisemitische und kommunistische Kräfte.

Außenpolitik und Gesellschaft – Kontinuität und Wandel

Die deutsche Außenpolitik wandelte sich vom Kaiserreich zur Weimarer Republik von einer „Bündnis- und Gleichgewichtspolitik" (Bismarck) über den Anspruch einer „Weltpolitik" (Kaiser Wilhelm II.) zu einer „Verständigungs- und Revisionspolitik" (Stresemann) in der Weimarer Republik. Gemeinsam war allen Modellen das Ziel, Deutschland eine Rolle als europäische Großmacht zu sichern.

Massenproduktion, Massenkonsum und Massenmedien wie Radio und Film veränderten die Lebens- und Arbeitsverhältnisse. Die Spannung zwischen Tradition und Moderne in der Industriegesellschaft zeigt sich am Wandel der Frauenrolle, an den bedeutenden sozialpolitischen Reformen der zwanziger Jahre, am Wandel der Wohnverhältnisse und der Bildung sowie an der Entwicklung von Architektur, Kunst und Literatur.

Krise und Zerstörung der Weimarer Republik

Die **Weltwirtschaftskrise** ab 1929 machte die latente Schwäche der Weimarer Demokratie schlagartig offenbar: Mit der Wirtschafts- und Sozialkrise radikalisierten sich weite Teile der Bevölkerung, KPD und NSDAP erhielten starken Zulauf, die Koalition der demokratischen Parteien zerbrach (1930), die Phase der „**Präsidialkabinette**" – gestützt auf die Macht des Reichspräsidenten – begann. Die parlamentarische Verfassung wurde dadurch weitgehend außer Kraft gesetzt. Gewaltanwendung wurde zunehmend als Mittel zur Lösung der Probleme gesehen. Mit der Übertragung der Macht an Adolf Hitler am 30. Januar 1933 endete faktisch die Weimarer Republik.

Weltwirtschaftskrise

Am „Schwarzen Freitag", dem Börsenkrach am 25. Oktober 1929 in New York, wurde offenkundig, dass sich die Weltwirtschaft in einer tiefen Krise befand. In einer Art Spekulationsrausch wollten viele mit Aktien das große Geld machen, obwohl sich der konjunkturelle Einbruch durch Überproduktion und Absatzschwierigkeiten abgezeichnet hatte. Die Folge waren Konkurse und ein ungeahnter Anstieg der Arbeitslosigkeit, der viele Staaten in eine soziale und politische Krise stürzte.

Präsidialkabinette

Als Präsidialkabinette werden die autoritären Regierungen bezeichnet, die in Deutschland seit 1930 aufgrund von Artikel 48 der Weimarer Verfassung die Macht innehatten. Die Kabinette, die mittels Notverordnungen regierten, waren nur vom Vertrauen des Reichspräsidenten abhängig. Im Einzelnen wurden die Regierungen geleitet von Heinrich Brüning (1930–32), Franz von Papen (Juni bis November 1932) und Kurt von Schleicher (Dezember 1932 bis Januar 1933).

▶ Nationalsozialistische Diktatur in Deutschland (Hitler)

▶ Faschistische Diktatur in Spanien (Franco)

1933–1945   1936–1975

16. Die Weimarer Republik

Daten und Ereignisse: Kultur und Sozialpolitik

1918	Einführung des Acht-Stunden-Arbeitstags
1919	(aktives und passives) Frauenwahlrecht in Deutschland
1920	Einführung der gemeinsamen Grundschule in den Klassen 1 bis 4
1923	Siegeszug des Radios beginnt
1925	Gründung des „Bauhauses" in Dessau (Zentrum der „Neuen Sachlichkeit")
1927	Einführung der Arbeitslosenversicherung
1929	Einführung des Tonfilms

Die Verfassung der Weimarer Republik

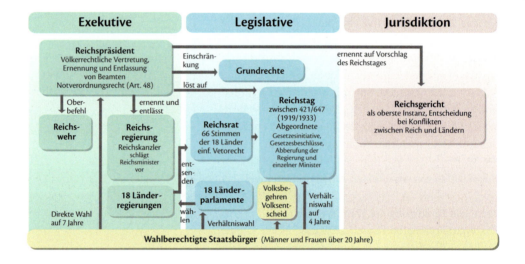

Biographie

Rosa Luxemburg

Rosa Luxemburg (1871–1919) wurde als Tochter einer jüdischen Kaufmannsfamilie in Polen geboren. Weil sie sich bereits früh der Arbeiterbewegung anschloss, musste sie in die Schweiz emigrieren. Sie studierte Nationalökonomie und beteiligte sich an der Gründung der Sozialdemokratischen Partei Polens. 1897 ging sie nach Deutschland, wo sie als Theoretikerin des linken SPD-Flügels mit Karl Liebknecht den Spartakusbund (1917) gründete und eine radikal-sozialistische Politik vertrat. Während des Spartakusaufstands wurden Luxemburg und Liebknecht am 15. 1. 1919 verhaftet und von Freikorpsoffizieren ermordet.

Paul von Hindenburg

Paul von Hindenburg (1847–1934) stammte aus einem altpreußischen Adelsgeschlecht. Seit dem preußisch-österreichischen Krieg 1866 bis zu seiner Pensionierung 1903 war er in der Armee tätig, zuletzt als Kommandierender General. Im Ersten Weltkrieg wurde er als Oberbefehlshaber reaktiviert und stieg zum Generalfeldmarschall auf. Nach dem Tod Eberts siegte er 1925 im 2. Wahlgang als Kandidat der Rechten für das Amt des Reichspräsidenten. 1932 erfolgte seine Wiederwahl, diesmal als Gegenkandidat zu Hitler auch von der SPD unterstützt. Hindenburg, der seit 1930 mithilfe der Präsidialkabinette autoritär regierte, berief im Januar 1933 Hitler zum Reichskanzler.

16. Die Weimarer Republik

Deutschland nach dem Versailler Vertrag von 1919

Biographie

Friedrich Ebert

Friedrich Ebert (1871–1925) war das neunte Kind einer Schneidermeisterfamilie. Nach seiner Ausbildung zum Sattler begann er, sich in der SPD zu engagieren, wurde Redakteur der Bremer Bürgerzeitung und war seit 1912 Reichstagsabgeordneter. 1913 wurde Ebert zum SPD-Parteivorsitzenden gewählt. Am 9. November 1918 übernahm er das Amt des Reichskanzlers, zwei Tage später die Leitung des Rats der Volksbeauftragten. Von Februar 1919 bis zu seinem Tode am 28. Februar 1925 war Ebert Reichspräsident der Weimarer Republik.

Sitzverteilung in der Nationalversammlung 1919 und im Deutschen Reichstag 1920 bis 1932

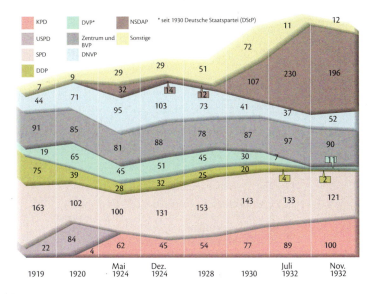

17. Nationalsozialismus und Zweiter Weltkrieg

Machtergreifung
Sowohl von den Nationalsozialisten als auch von Beobachtern verwendeter Begriff für die politischen Veränderungen seit 1933, an deren Ende 1934 die Festigung der nationalsozialistischen Herrschaft stand. Erste Stationen waren die Ernennung Hitlers zum Reichskanzler, die „Reichstagsbrandverordnung", das „Ermächtigungsgesetz" und die Gleichschaltungsgesetze (Frühjahr 1933), wodurch grundlegende Bestimmungen der Weimarer Verfassung außer Kraft gesetzt wurden.

Reichstagsbrandverordnung
„Verordnung zur Abwehr kommunistischer staatsgefährdender Gewaltakte", erlassen am 28.2.1933 infolge des Reichstagsbrandes am 27.2.1933. Dieser lieferte den Nationalsozialisten den Vorwand, wichtige Grundrechte wie freie Meinungsäußerung, Versammlungsfreiheit und das Postgeheimnis außer Kraft zu setzen und zahlreiche Kommunisten zu verhaften.

Ermächtigungsgesetz
Durch die Zustimmung zum „Gesetz zur Behebung der Not von Volk und Reich" vom 23.3.1933 entmachtete der Reichstag sich selbst. Dieses Gesetz hob die Gewaltenteilung auf. Der Regierung wurde damit unumschränkte Gesetzgebungsvollmacht eingeräumt. Eine Bindung der Regierung an Parlamentsbeschlüsse gab es jetzt nicht mehr.

Gleichschaltung
Vereinheitlichung des politischen, wirtschaftlichen, sozialen und kulturellen Lebens nach dem Willen der Nationalsozialisten durch Eingliederung (oder Verbot, z. B. Gewerkschaften, SPD) in NS-Institutionen bzw. -Organisationen, 1933/34.

Errichtung der NS-Diktatur

Am Ende der Weimarer Demokratie steht der Anfang der NS-Diktatur. Zu erklären ist die Gewaltherrschaft der Nationalsozialisten nicht nur mit der Weltwirtschaftskrise 1929. Manche Historiker weisen auf die spezifischen Machtstrukturen hin, die sich im Deutschen Kaiserreich herausgebildet hatten und das Untertanenbewusstsein verfestigten. Dazu fehlte der Weimarer Demokratie zunehmend ein breiter demokratischer Konsens zwischen den Parteien und gesellschaftlichen Gruppen. In dieser Situation stiegen die Chancen der nationalsozialistischen Bewegung, die von führenden konservativen Politikern, Industriellen, Bankiers und Reichswehrangehörigen unterstützt wurde. Aus den Wahlen 1932 ging die NSDAP als stärkste Partei hervor. Da die bisherigen Präsidialkabinette gescheitert waren, wollten der Reichspräsident und seine Berater Adolf Hitler für ihre politischen Ziele einspannen. Die **Machtergreifung** begann am 30. Januar 1933 mit der Ernennung Hitlers zum Reichskanzler. In seiner Regierung waren die NSDAP-Mitglieder zwar in der Minderheit, doch hatte Hitler auf scheinbar legalem Weg eine Position erreicht, die es ihm ermöglichte, seine Ziele zu verfolgen. Die **Reichstagsbrandverordnung** vom 28. Februar und das **Ermächtigungsgesetz** vom 23. März dienten als Grundlage für die antidemokratische nationalsozialistische Machtsicherung des „Dritten Reiches". Die **„Gleichschaltung"** erstreckte sich in der Folgezeit auf alle politischen Ebenen und alle Lebensbereiche.

Ideologie und Politik

Rassismus und Antisemitismus gelten als Kernbestandteile der nationalsozialistischen Weltanschauung. Mit scheinwissenschaftlichen, politisch instrumentalisierten Begriffen wie „Rasse", „Arier" und „Nichtarier" wurde eine Überlegenheit der so genannten arischen Menschen (= Deutsche) behauptet, während insbesondere Juden und slawische Volksangehörige ausgegrenzt und zu „Schädlingen" und „Untermenschen" degra-

---

1933
- 30.1.: Hitler wird zum Reichskanzler ernannt
- 28.2.: Reichstagsbrandverordnung
- 23.3.: Ermächtigungsgesetz

1935
- Nürnberger Gesetze

1936
- Vierjahresplan zur Wiederaufrüstung

1938
- Münchner Abkommen
- 9./10.11.: Novemberpogrom

1939
- 1.9.: Deutscher Überfall auf Polen; Beginn des Zweiten Weltkrieges

17. Nationalsozialismus und Zweiter Weltkrieg

diert wurden. Ein ausgeprägter Führerkult überhöhte die Person Adolf Hitlers. Massenveranstaltungen waren Kennzeichen der Selbstinszenierung des totalitären Systems. Sie sollten das Ideal einer Volksgemeinschaft suggerieren.

Vernichtung und Widerstand

Die Ausgrenzung der deutschen Juden begann bereits 1933 mit Boykottmaßnahmen und Entlassungen, führte zu einer Entrechtung (**Nürnberger Gesetze** von 1935 z. B.), zu Verfolgungen (Pogrom vom 9. November 1938) und ab 1942 zur systematischen Ermordung von Millionen europäischer Juden in **Konzentrations- und Vernichtungslagern** (Holocaust/Shoah). Auch mehrere hunderttausend Sinti und Roma fielen, ebenso wie zehntausende Behinderte, dem Rassenwahn zum Opfer.

Widerstand von Gruppen – der Kirchen, der Arbeiterschaft, der Weißen Rose, des Kreisauer Kreises z. B. – oder Einzelnen gegen das Unrechtsregime wie das Attentat vom 20. Juli 1944 wurde mit Hinrichtungen in rechtswidrigen Schnellverfahren geahndet.

Weltkrieg und Niederlage

Die langfristige Politik der Nationalsozialisten richtete sich auf die kriegerische Eroberung von „Lebensraum" im Osten. Zunächst wurde die expansive Außenpolitik mit einer Revision des Versailler Vertrags begründet. Infolge ihrer Appeasementpolitik (Befriedungspolitik) akzeptierten die Westmächte Großbritannien und Frankreich den Anschluss Österreichs und des Sudetenlandes an Deutschland (Münchner Abkommen 1938). Nach dem Überfall auf Polen am 1. September 1939, der nach einem Beistandspakt mit der Sowjetunion (Hitler-Stalin-Pakt) erfolgte, standen die Westmächte zu ihren Bündnisverpflichtungen und traten in den Krieg gegen Deutschland ein. Während sich Frankreich bald geschlagen geben musste, leistete Großbritannien dauerhaften Widerstand. Mit dem deutschen Angriff auf die Sowjetunion und dem Kriegseintritt der USA (1941) nach dem japanischen Luftangriff auf den militärischen Stützpunkt Pearl Harbour wurde der Krieg zu einem Weltkrieg, in den auch der asiatische Raum einbezogen wurde.

Die verlorene Schlacht um Stalingrad im Januar 1943 leitete die Niederlage Deutschlands ein, die mit der bedingungslosen Kapitulation der Wehrmacht vom 8./9. Mai 1945 besiegelt wurde.

In Asien endete der Zweite Weltkrieg nach dem Abwurf von zwei Atombomben auf Hiroshima und Nagasaki durch US-Flugzeuge mit der Kapitulation Japans im August 1945.

Nürnberger Gesetze

Im September 1935 wurde neben dem „Reichsbürgergesetz", das die Juden zu Bürgern zweiter Klasse degradierte, das „Gesetz zum Schutz des deutschen Blutes und der deutschen Ehre" erlassen, welches eheliche Verbindungen und geschlechtliche Beziehungen zwischen Juden und so genannten Ariern unter Strafe stellte.

Konzentrations- und Vernichtungslager

Konzentrationslager (KZ), unter den Nationalsozialisten Massenlager, in denen Menschen, die den rassistischen, ideologischen und politischen, aber auch vorgeblich sozialen Vorstellungen der Nationalsozialisten nicht entsprachen, in Haft genommen, misshandelt und ermordet wurden. Ab 1938 wurden Häftlinge zur Zwangsarbeit für SS und Rüstungsindustrie eingesetzt. Seit 1941 wurden in den besetzten Gebieten im Osten Vernichtungslager eingerichtet, in denen bis zum Frühjahr 1945 zwischen 5 und 6 Millionen Juden und eine halbe Million weiterer Personen (Roma und Sinti, Homosexuelle) - größtenteils in Gaskammern – umgebracht wurden.

1941
- 22. 6.: Deutscher Überfall auf die Sowjetunion
- 7. 12.: Japanischer Luftangriff auf Pearl Harbour, vier Tage später deutsche Kriegserklärung an die USA (Kriegseintritt der USA)

1942
- 20. 1.: „Wannseekonferenz"; Beschluss zur Vernichtung der europäischen Juden

1944
- 20. 7.: Attentatsversuch auf Hitler

1945
- 7.–9. 5.: Kapitulation der deutschen Wehrmacht
- 6. 8.: Atombombenabwurf über Hiroshima

17. Nationalsozialismus und Zweiter Weltkrieg

Biographie

Adolf Hitler

Hitler wurde am 20. April 1889 als Kind einer Zollbeamtenfamilie in Braunau/Inn geboren. Er verließ die Realschule ohne Abschluss und führte zwischen 1905 und 1914 in Linz und Wien ein ungeregeltes Leben. Nachdem er nicht in die Kunstakademie aufgenommen wurde, hielt er sich mit Gelegenheitsarbeiten als Kunstmaler über Wasser. 1914 meldete er sich als Kriegsfreiwilliger, wurde als Meldegänger eingesetzt und erhielt Tapferkeitsorden. Nach dem Krieg arbeitete er als Schulungsredner für die Reichswehr. 1919 trat er in die Deutsche Arbeiterpartei (DAP) ein, deren Führung er ab 1921 übernahm. Nach dem Putsch 1923 (siehe S. 70) und kurzem Gefängnisaufenthalt baute er ab 1925 die NSDAP auf. Die Partei erreichte den politischen Durchbruch in den Reichstagswahlen 1930 mit einer Steigerung von 3 auf 18 Prozent. 1933 wurde Hitler zum Reichskanzler ernannt. Unter seiner Führung wurde in Deutschland und während des Zweiten Weltkriegs in fast ganz Europa ein beispielloses Terrorsystem aufgebaut. Kurz vor der Kapitulation Deutschlands 1945 beging Hitler Selbstmord (30. April).

Die Toten des Zweiten Weltkriegs

In Klammern der Anteil an Zivilisten.

Gesamtverluste: rund 55 Millionen Tote		
Erster Weltkrieg: rund 10 Millionen Tote		
Deutschland:	5 250 000	(500 000)
Sowjetunion:	20 600 000	(7 000 000)
USA:	259 000	
Großbritannien:	386 000	(62 000)
Frankreich:	810 000	(470 000)
Polen:	4 250 000	(4 200 000)
ferner 1,5 Mio. in den von der Sowjetunion 1939 annektierten polnischen Ostgebieten		
Italien:	330 000	
Rumänien:	378 000	
Ungarn:	420 000	(280 000)
Jugoslawien:	1 690 000	(1 200 000)
Finnland:	84 000	
Norwegen:	10 000	
Dänemark:	1 400	
Bulgarien:	20 000	
Griechenland:	160 000	(140 000)
Belgien:	88 000	(76 000)
Niederlande:	210 000	(198 000)
Japan:	1 800 000	(600 000)

Ploetz, Geschichte der Weltkriege. Mächte, Ereignisse, Entwicklungen. 1900–1945, hg. von Andreas Hillgruber und Jost Dülffer, Freiburg (Ploetz) 1981, S. 151.

Biographie

Erna Brehm, Lagerhäftling

Die am 20. Juni 1924 in Calw geborene Erna Brehm arbeitete im Jahr 1941 als Haushaltshilfe in einer Konditorei. Sie lernte dort den polnischen Staatsangehörigen Marian kennen, die beiden verliebten sich ineinander. Der Arbeitgeber untersagte jeden weiteren Kontakt und informierte die Eltern des Mädchens. Um einer Anzeige des Konditors zu entgehen, meldete sich Erna selbst bei der Polizei. Sie war in dem naiven Glauben, das Verhältnis durch eine persönliche Vorsprache und Rechtfertigung aufrechterhalten zu können. Die Polizei nahm Erna sofort fest und inhaftierte auch den Freund. Auf dem Calwer Marktplatz wurde Erna kahl geschoren, anschließend in Stuttgart zu einer 8-monatigen Gefängnisstrafe wegen „Geschlechtsverkehrs mit einem Ausländer" verurteilt. Nach verbüßter Haft erfolgte im Herbst 1942 die Überstellung in das Jugend-KZ Uckermark. Erna Brehm starb am 19. August 1951 an den Folgen der KZ-Haft. Das Schicksal von Marian blieb unbekannt.

17. Nationalsozialismus und Zweiter Weltkrieg

Die Machtstruktur des NS-Staates

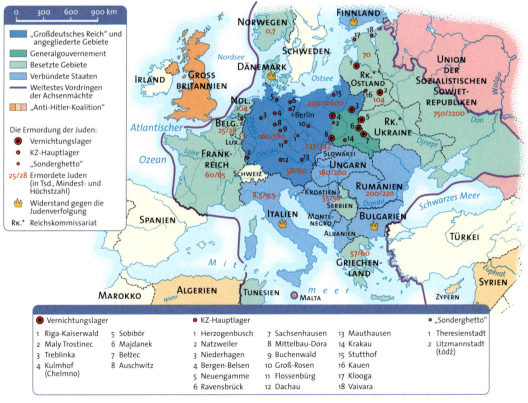

Die Vernichtung der europäischen Juden

18. Die Welt im Kalten Krieg

Kalter Krieg
Bezeichnung für eine Phase des Ost-West-Konflikts zwischen 1947 und 1990/91 (Auflösung des Ostblocks). Im Kern wird der Kalte Krieg als Auseinandersetzung („Nicht-Frieden") zwischen zwei unvereinbar erscheinenden Weltanschauungen mit ihren politischen, gesellschaftlichen und wirtschaftlichen Systemen gesehen.

NATO
Der Bündnisvertrag der NATO-Staaten (North Atlantic Treaty Organization) wurde am 4. April 1949 geschlossen und besitzt bis heute Gültigkeit. Darin verpflichten sie sich, den Frieden in der Welt nicht zu gefährden und internationale Konflikte ohne Gewaltanwendung zu lösen. Falls einer der Staaten angegriffen werden sollte, unterstützen ihn die anderen.

Warschauer Pakt
Der „Vertrag über Freundschaft, Zusammenarbeit und gegenseitigen Beistand" wurde am 15. Mai 1955 zwischen der Sowjetunion und den meisten osteuropäischen Staaten geschlossen und existierte bis 1992. Die Unterzeichner versicherten, dass sie zum Weltfrieden beitragen und Streitfragen auf diplomatischem Weg klären würden. Die Staaten des Warschauer Paktes beschickten aus ihren nationalen Streitkräften ein gemeinsames Kommando.

Blockbildung und Kalter Krieg
Über vier Jahrzehnte bestimmten der **Kalte Krieg**, das Wettrüsten der Supermächte und die Angst vor einem Atomkrieg die Weltpolitik. Während die USA die demokratischen Staaten (West-)Europas erst durch wirtschaftliche Hilfe, später durch politische und militärische Zusammenarbeit (**NATO**) an sich banden, band die Sowjetunion die Staaten Osteuropas ohne demokratische Legitimation in ihr Bündnissystem ein (**Warschauer Pakt**).

Die Blockbildung begann mit der Vertiefung der Gegensätze zwischen den USA und der UdSSR in den ersten Jahren nach dem Zweiten Weltkrieg. Als Hauptursache des Ost-West-Konfliktes gilt in der Geschichtsforschung die Fehleinschätzung der Interessen und Motive der jeweils anderen Seite, verbunden mit einer Verfestigung der konstruierten Feindbilder.

Die Bewegung blockfreier Staaten ging von der Bandung-Konferenz (1955) aus und repräsentierte in den sechziger Jahren mehr als die Hälfte der Weltbevölkerung. Ihre Ziele (Konfliktlösung, Entspannung, Frieden und Entkolonialisierung) erreichte sie wegen ihrer begrenzten Handlungsfähigkeit jedoch nicht.

Entkolonialisierung
Ihre moralische und völkerrechtliche Legitimation fand die Entkolonialisierungsbewegung in der Forderung der **Atlantik-Charta** von 1941 nach dem Selbstbestimmungsrecht aller Völker. Die entscheidende Phase der Entkolonialisierung lag in der zweiten Hälfte des 20. Jahrhunderts.

Die Wege zur Befreiung waren unterschiedlich, in der Mehrzahl jedoch geprägt von Unruhen, von Kämpfen rivalisierender Volks- und Bevölkerungsgruppen oder Parteien. Gemeinsam war im Grunde allen, dass der politischen Unabhängigkeit nicht die wirtschaftliche folgte: Es blieb die Bindung an die früheren Kolonialmächte, den Weltmarkt, ausländische Kredite, an Aufträge und Entwicklungshilfe.

Die Spannungen und Konflikte wegen des politischen, wirtschaftlichen und sozialen Gefälles zwischen den

1945	1947	1949	1955	1957	1962
▶ Gründung der UNO	▶ Indien wird unabhängig	▶ Gründung der NATO und des RGW	▶ Gründung des Warschauer Paktes	▶ Gründung der EWG	▶ Kuba-Krise

"Industrieländern" und den "Entwicklungsländern", der **Dritten Welt**, werden als "Nord-Süd-Konflikt" bezeichnet.

Die UNO

Auch die 1945 gegründeten Vereinten Nationen (UNO), der gegenwärtig (2008) 192 Staaten angehören, konnten die in der Nachkriegszeit bestehenden Spannungen und Konflikte nicht lösen. Der Sicherheitsrat, dem die fünf ständigen Mitglieder Frankreich, Großbritannien, Russland, USA und die Volksrepublik China angehören, muss nach der bestehenden Satzung seine Entscheidungen einstimmig fällen. Da dies in den Zeiten des Kalten Krieges selten der Fall war, blieb die UNO häufig handlungsunfähig. Trotzdem stieg seit den 1980er-Jahren die Zahl der Einsätze von UN-Friedenstruppen, den Blauhelmen, deutlich an. Die Ziele der UNO, den Weltfrieden zu sichern und internationale Sicherheit sowie die Gleichberechtigung und Selbstbestimmung aller Völker zu erreichen, bilden auch gegenwärtig die Grundlage weltpolitischer Hoffnungen und Erwartungen.

Zerfall der Sowjetunion und Ende des Ost-West-Konflikts

Seit etwa 1980 stagnierte die Wirtschaft in der Sowjetunion. Da die Konsumgüterindustrie zugunsten einer hohen Rüstungsproduktion vernachlässigt wurde, lag der Lebensstandard der Bevölkerung weit unter dem der westlichen Industrieländer. Als im März 1985 der Reformpolitiker Michail Gorbatschow zum Generalsekretär der KPdSU gewählt wurde, waren die Erwartungen in der Bevölkerung hoch. Gorbatschow beschrieb seine Politik mit den Schlagworten Offenheit (Glasnost) und Umbau (Perestroika). Unter ihm wurde in der Sowjetunion der Wandel zur parlamentarischen Demokratie und zur Marktwirtschaft vorbereitet. Dies führte 1991 zum Ende des Sowjetreichs, da zahlreiche Sowjetrepubliken ihre Unabhängigkeit erklärten.

Atlantik-Charta

Die Atlantik-Charta wurde 1941 von den damaligen Regierungschefs der USA und Großbritanniens, Roosevelt und Churchill, auf einem Schiff im Atlantik verabschiedet. Unter den acht vereinbarten Bereichen befanden sich unter anderem: Verzicht auf territoriale Expansion, gleichberechtigter Zugang zum Welthandel und zu Rohstoffen, Verzicht auf Gewaltanwendung und das Selbstbestimmungsrecht. Damit wurde die Atlantik-Charta zum grundlegenden Dokument für die UNO.

Dritte Welt

Der Begriff "Dritte Welt" wurde 1952 von einem Franzosen erstmals gebraucht und 1961 in einer bekannten Schrift mit der kolonialisierten, unterentwickelten Welt gleichgesetzt. Er bezeichnete ursprünglich die blockfreien Staaten – in Abgrenzung zum Westblock (Erster Welt) und Ostblock (Zweiter Welt).
Nach der Auflösung der Blöcke und angesichts der Globalisierung wird heute häufig von der Einen Welt gesprochen.

1968	1975	1985	1991	1993	1994
Prager Frühling	Vertrag von Lomé; KSZE-Vertrag	Gorbatschow wird Generalsekretär der KPdSU	Auflösung des Warschauer Paktes	Europäische Union (EU)	Mandela wird Staatspräsident Südafrikas

18. Die Welt im Kalten Krieg

Daten und Ereignisse

1945	Gründung der UNO
1949	Gründung der NATO
1950–1953	Koreakrieg
1955	Gründung des Warschauer Paktes
1962	Kuba-Krise
1964–1975	Vietnamkrieg
1972	SALT-I-Vertrag: Begrenzung der strategischen Rüstung zwischen den USA und der UdSSR
1979	SALT-II-Vertrag
1987	IFN-Vertrag zwischen den USA und der UdSSR: Abschaffung aller Mittelstreckenraketen in Europa
1991	Erster Golfkrieg
1991	Selbstauflösung der Sowjetunion
2001	Terroranschläge auf das World Trade Center in New York

Zahl der weltweit vorhandenen nuklearen Sprengköpfe 1945–2003

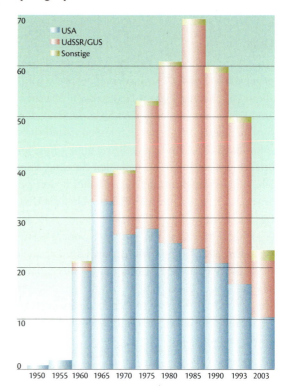

Biographie

Ghandi

Mahatma Ghandi (1869–1948) wurde in Porbandar (Indien) als Sohn vornehmer Hindus geboren. Er studierte in England Jura und arbeitete in Bombay als Rechtsanwalt. Von 1893 bis 1914 war er Führer der Inder in Südafrika, von 1920 an kämpfte er für die Befreiung Indiens von der britischen Herrschaft. Er entwickelte die Methode des gewaltfreien Widerstands, was die Verweigerung der Zusammenarbeit und den Ungehorsam gegenüber der Kolonialregierung beinhaltete. Damit wurde er Vorbild und Vorreiter der Entkolonialisierungsbewegung. Ghandi wurde 1948 von einem fanatischen Hindu ermordet.

Michail S. Gorbatschow

Geboren 1931 im Nordkaukasus als Sohn eines Bauern. 1946 bis 1950 war Gorbatschow Arbeiter in einer Traktorenstation. Nach dem Studium der Rechts- und Agrarwissenschaften wurde er 1978 Sekretär im Zentralkomitee der KPdSU. Er machte eine steile politische Karriere und 1985 wählte ihn die Partei zu ihrem Generalsekretär. 1988 bis 1990 war Gorbatschow Präsident des Obersten Sowjets (Parlament), 1990/91 sowjetischer Staatspräsident. Für seine Politik, die zur Beendigung des Kalten Krieges führte, erhielt er 1990 den Friedensnobelpreis. Gleichzeitig begann Gorbatschows Macht zu schwinden (Putschversuch 1991). Nach der Auflösung der Sowjetunion 1991 und der Gründung der Gemeinschaft Unabhängiger Staaten (GUS) verzichtete Gorbatschow Ende 1991 auf alle politischen Ämter.

18. Die Welt im Kalten Krieg

Militärische Blockbildung im Kalten Krieg

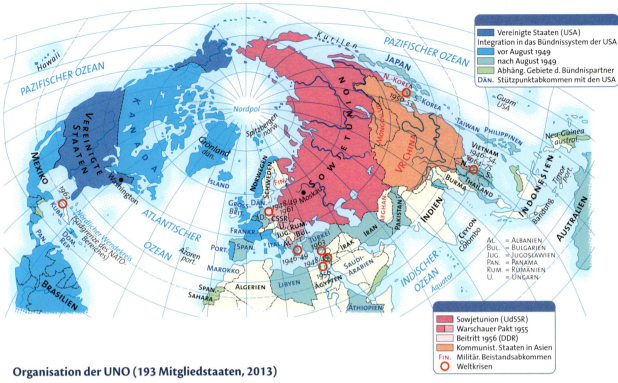

Organisation der UNO (193 Mitgliedstaaten, 2013)

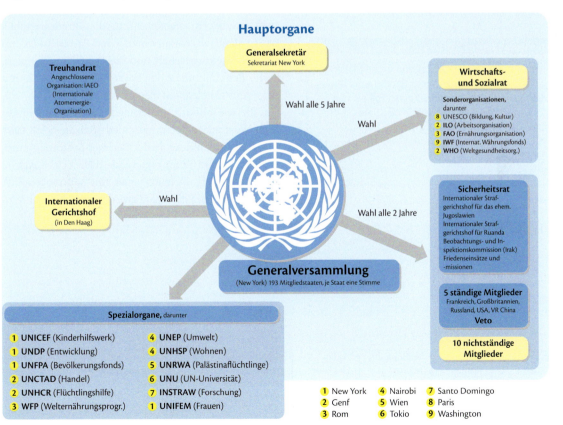

19. Deutschland nach 1945

Kriegsende und Besatzungszeit.
1945 übernahmen die Siegermächte USA, UdSSR, Großbritannien und Frankreich zunächst die oberste Staatsgewalt in Deutschland. Auf der **Potsdamer Konferenz** hatten sie u.a. die Entmilitarisierung und **Entnazifizierung** Deutschlands vereinbart. Unter den Vorzeichen des Kalten Krieges kam es im Alliierten Kontrollrat jedoch schon bald zu Spannungen. Schließlich zeichnete sich die Spaltung Deutschlands ab, als die USA und Großbritannien ihre Zonen 1947 zu einem Wirtschaftsgebiet zusammenlegten und die Westalliierten 1948 in ihren Zonen sowie in Berlin (West) eine Währungsreform durchführten, auf die die Sowjetzone mit einer eigenen Währung reagierte. Während in den Westzonen demokratische Strukturen von unten nach oben aufgebaut wurden, bestimmte in der sowjetischen Zone die Sozialistische Einheitspartei Deutschlands (SED) unter der Kontrolle der sowjetischen Besatzungsmacht das politische Geschehen.

Die zwei deutschen Staaten – Abgrenzung und Annäherung
Im Westen wie im Osten Deutschlands entstand auf Weisung und mit Unterstützung der Siegermächte 1949 jeweils ein eigener Staat: die Bundesrepublik Deutschland als parlamentarischer Parteienstaat mit sozialer Marktwirtschaft und die Deutsche Demokratische Republik unter der Vorherrschaft der SED mit einer zentral gelenkten Planwirtschaft.
Um die seit Jahren andauernde Massenflucht von Ost nach West zu stoppen, entschied sich die SED **1961 zum Bau einer Mauer** an der Berliner Sektorengrenze. Die seit 1969 in Bonn regierende SPD/FDP-Koalition unter Willy Brandt leitete eine Entspannungspolitik ein, durch die u.a. Kontakte zwischen den Einwohnern beider Staaten erleichtert wurden.

Potsdamer Konferenz

Auf der Potsdamer Konferenz (17.7. bis 2.8.1945) vereinbarten die Sowjetunion, die USA und Großbritannien:
Deutschland wird in vier Besatzungszonen aufgeteilt, die Hauptstadt Berlin in vier Sektoren. In den einzelnen Zonen haben die Militärbefehlshaber die oberste Gewalt. Ein Alliierter Kontrollrat fällt Entscheidungen, die Deutschland als Ganzes betreffen.
Reparationen entnimmt jede Besatzungsmacht aus ihrer Zone (Demontage, Geldleistungen aus Guthaben oder laufender Produktion).
Die deutsche Bevölkerung aus den Gebieten östlich der Oder-Neiße-Grenze (polnische Verwaltung) und Nordostpreußen (sowjetische Verwaltung) wird nach Deutschland umgesiedelt.
In Deutschland soll in begrenztem Umfang ein politisches Leben entstehen: Parteien, Gewerkschaften und Verbände werden zugelassen. Voraussetzung ist die gründliche Entnazifizierung der Bevölkerung.

Entnazifizierung

Versuch der vier Besatzungsmächte nach der deutschen Niederlage 1945, die im „Dritten Reich" engagierten Personen aufgrund von Fragebogen und Prozessen vor Spruchkammern zu bestrafen und aus verantwortlichen Stellungen fern zu halten.

1961: Mauerbau

Im August 1961 ließ die DDR-Regierung eine Mauer zwischen Ostberlin und den Westsektoren errichten, um die Massenflucht von DDR-Bürgern zu beenden. Kurz darauf wurde die gesamte innerdeutsche Grenze gesperrt. Die Mauer wurde zum Symbol der deutschen Teilung, führte aber in den folgenden Jahren zur inneren Stabilisierung der DDR.

1945	1947	1948	1948/49	1949	1953	1957
Potsdamer Konferenz	Marshall-Plan	Währungsreform	Berlin-Blockade	Gründung der Bundesrepublik Deutschalnd und der DDR	17.6.: Volksaufstand in der DDR	Gründung der EWG

19. Deutschland nach 1945

Die Vereinigung Deutschlands

Die Reformpolitik in der Sowjetunion seit 1985 ermutigte kritische DDR-Bürger, von der SED größere politische Freiheit, vor allem Reisefreiheit, zu verlangen. Als im Sommer 1989 die Grenze zwischen Ungarn und Österreich durchlässig wurde, flüchteten tausende DDR-Bürger in den Westen. In der Folge fanden in der DDR Massendemonstrationen gegen die Regierung statt. Ohne Unterstützung der Sowjetunion wagte es die SED nicht, mit Waffengewalt gegen die Protestierenden vorzugehen. Nachdem die Berliner Mauer am 9. November 1989 unerwartet geöffnet worden war, zeichnete sich bald eine Tendenz zur Vereinigung mit der Bundesrepublik ab. Denn bei den ersten freien Wahlen in der DDR siegten die Parteien, die für eine schnelle Einheit plädierten. Am 3. Oktober 1990 wurde schließlich auf Beschluss der Volkskammer der DDR und des Bundestages sowie mit der Erlaubnis der ehemaligen Alliierten die staatliche **Einheit Deutschlands** hergestellt.

Die Europäische Einigung

Die Einigung (West-)Europas richtete sich nach dem Zweiten Weltkrieg vor allem darauf, einen neuen Krieg zu verhindern und den Nationalismus zu überwinden. Erste Einigungsschritte waren die Gründung des Europarates (1949) und die Vereinigung von sechs westeuropäischen Staaten zur Europäischen Gemeinschaft für Kohle und Stahl (EGKS) 1951, die 1957 mit den Römischen Verträgen zur „Europäischen Wirtschaftsgemeinschaft" (EWG; ab 1967 „Europäische Gemeinschaft"/EG) weiterentwickelt wurde. Die Ziele der EG mündeten 1992 im **Vertrag von Maastricht** über die Europäische Union (EU). Neben die Erweiterung der EU um Staaten in Ost- und Südosteuropa (zuletzt mit Rumänien und Bulgarien am 1. Januar 2007) tritt verstärkt die Frage nach Reformen, z. B. besseren Entscheidungsstrukturen in der EU. Diese Ziele wurden 2007 im Vertrag von Lissabon festgelegt.

Die Verträge zur deutschen Einheit

1. Juli 1990: „Staatsvertrag zur Wirtschafts-, Währungs- und Sozialunion". Die Bundesrepublik und die DDR vereinbaren die Einführung der sozialen Marktwirtschaft in der DDR. Die D-Mark wird dort alleiniges Zahlungsmittel.
31. August: „Einigungsvertrag". Die beiden deutschen Staaten beschließen die Einführung der bundesrepublikanischen Rechtsordnung in den neu gegründeten Bundesländern. Der Beitritt der DDR erfolgt nach Art. 23 GG.
12. September 1990: „Zwei-plus-Vier-Vertrag". Die vier Siegermächte stimmen der Vereinigung der beiden deutschen Staaten zu. Deutschland erkennt die Oder-Neiße-Grenze zu Polen völkerrechtlich verbindlich an.

Der Vertrag von Maastricht

Im Februar 1992 unterzeichneten die damals 12 Mitgliedsstaaten der Europäischen Gemeinschaft in Maastricht den „Vertrag über die Europäische Union" (EU-Vertrag). Vereinbart wurden:
1. Binnenmarkt, Zollunion, gemeinsame Agrarpolitik, Wirtschafts- und Währungsunion,
2. eine gemeinsame Außen- und Sicherheitspolitik,
3. eine Zusammenarbeit in der Innen- und Rechtspolitik.

1961	1972	1989/90	1992	2002
13.8.: Bau der Berliner Mauer	Grundlagenvertrag zwischen der Bundesrepublik und der DDR	Bürgerrechtsbewegung in der DDR 9.11.1989: Fall der Berliner Mauer 3.10.1990: Vereinigung Deutschlands	Februar 1992: Vertrag von Maastricht	Ablösung der D-Mark durch den Euro

19. Deutschland nach 1945

Mitteleuropa 1945–1949

Die Europäische Union 2014–2019

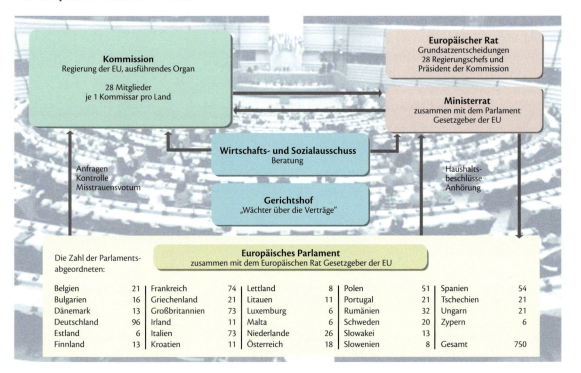

19. Deutschland nach 1945

Flüchtlingszahlen (aus der DDR in die Bundesrepublik), 1950–1990

Biographie

Konrad Adenauer

(1876–1967)

Geboren 1876 in Köln als Sohn eines Kanzleirats. Nach dem Jurastudium arbeitete Adenauer beim Landgericht. Als Mitglied der Zentrumspartei wurde er 1917 Oberbürgermeister von Köln. 1933 wurde er von den Nationalsozialisten abgesetzt. Im Mai 1945 setzten ihn die Amerikaner wieder als Oberbürgermeister von Köln ein. 1946 wurde Adenauer zum Vorsitzenden der CDU in der britischen Zone gewählt. Von September 1948 bis Mai 1949 war er Präsident des Parlamentarischen Rates. Der Bundestag wählte Adenauer im September 1949 zum Bundeskanzler. Er wurde mehrfach wiedergewählt, bis er 1963 zurücktrat. Er prägte als Kanzler so sehr die Politik seiner Zeit, dass man von der „Ära Adenauer" spricht.

Willy Brandt

(1913–1992)

Geboren 1913 in Lübeck (ursprünglicher Name Herbert Karl Frahm), Sohn einer Verkäuferin. Als Schüler schloss sich Brandt der Sozialistischen Arbeiter-Jugend an und wurde 1930 SPD-Mitglied. 1933 emigrierte er nach Norwegen. Nach seiner Ausbürgerung durch die Nationalsozialisten 1938 wurde Brandt norwegischer Staatsbürger. 1947 wurde er unter dem Schriftstellernamen Willy Brandt wieder eingebürgert. 1949 bis 1957 und seit 1969 war er Bundestagsabgeordneter, 1957 bis 1966 Regierender Bürgermeister von Berlin. 1966 wurde Brandt Vizekanzler und Außenminister in einer CDU/SPD-Koalition, 1969 bis 1974 Bundeskanzler der SPD/FDP-Koalition. 1971 erhielt Brandt den Friedensnobelpreis für seine Entspannungspolitik.

Walter Ulbricht

(1893–1973)

1912 trat er in die SPD ein, 1919 wechselte er in die KPD. 1924 besuchte er die Parteischule in Moskau, wo er im Sinne der kommunistischen Weltanschauung ausgebildet wurde. 1928 bis 1933 war er Abgeordneter im deutschen Reichstag. 1933 emigrierte er nach Frankreich und siedelte 1938 nach Moskau über. 1945 kehrte er mit einer Gruppe deutscher Kommunisten nach Deutschland zurück, um in sowjetischem Auftrag den Aufbau der Berliner Stadtverwaltung zu organisieren. 1950 bis 1971 Generalsekretär bzw. Erster Sekretär des Zentralkomitees der SED. 1960 bis 1971 war er Vorsitzender des Staatsrates und des Nationalen Verteidigungsrates.

Methodenübersicht

Bilder als Quelle

1. Schritt: Einzelheiten des Bildes erfassen
Beschreibe die Einzelheiten des Bildes mithilfe folgender Fragen: Welche Personen sind dargestellt? Wie sind sie dargestellt (im Profil, von vorne, als Porträt, Brustbild usw.)? Wie sind sie gekleidet? Welche weiteren Gegenstände oder Tiere sind zu sehen?
Wo befinden sich die Personen und Gegenstände?

2. Schritt: Zusammenhänge erklären
In welcher Beziehung stehen die Personen, Tiere oder Gegenstände zueinander? Findest du Merkmale, die auf bestimmte Eigenschaften, Berufe, die gesellschaftliche Stellung der dargestellten Personen hinweisen? Welche erste Deutung ergibt sich beim Zusammenfügen der Elemente? Bleiben Fragen offen?

3. Schritt: Zusätzliche Informationen heranziehen und die Gesamtaussage erschließen
Oft gibt die Bildlegende Informationen, z. B. über die Entstehungszeit, den Künstler, den Auftraggeber und die Absicht. Weitere Fragen lassen sich oft durch zusätzliche Quellen und Materialien klären.

4. Schritt: Bilder vergleichen
Beim Bildvergleich wird zunächst jedes Bild einzeln analysiert und die Gesamtaussage formuliert. Dann werden Gemeinsamkeiten und Unterschiede der Bilder erarbeitet und Erklärungen für Unterschiede gesucht.

Schriftliche Quellen entschlüsseln und vergleichen

1. Schritt: Textinhalt und Aufbau untersuchen
Wovon berichtet der Text? Stelle „W-Fragen": Wer? Wo? Wann? Was? Gibt es unbekannte Wörter? Schlage im Lexikon nach. Wie ist der Text gegliedert? Suche treffende Überschriften für die einzelnen Abschnitte.

2. Schritt: Verfasser/Verfasserin betrachten
Was wissen wir über den Verfasser? Hat er selbst erlebt, was er aufgeschrieben hat? Welche Einstellung hat er zum Geschehen? Ergreift er Partei? Welche Absicht verfolgte er mit dem Text? Wollte er etwas bewusst für die Nachwelt festhalten?

3. Schritt: Textquellen vergleichen
Stelle fest, welche Informationen übereinstimmen, ob es Einzelheiten gibt, die nicht in allen Texten erscheinen, ob das, was berichtet wird, logisch oder unstimmig ist.

4. Schritt: Weitere Informationen sammeln und Ergebnisse formulieren
Aussagen der Texte überprüfen bzw. offene Fragen klären; dazu weitere Quellen und Informationen (z. B. Lexika) heranziehen. Ergebnisse (Absicht) der Autoren formulieren; Widersprüche, Unklarheiten festhalten.

Geschichtskarten lesen

1. Schritt: Grundelemente erkennen
Orientiere dich auf der Karte und erschließe die dargestellten Themen. Beachte den Maßstab!
Kläre mithilfe der Legende, welche Farben und Symbole verwendet werden und welche Bedeutung sie haben.

2. Schritt: Veränderungen untersuchen
Prüfe, welcher Zeitraum dargestellt und in welche Phasen er gegliedert ist. Werden Gründe für die Veränderung deutlich (z. B. Kriege, Katastrophen, Wanderungen, Stadtgründungen)?

3. Schritt: Aussage der Karte zusammenfassen
Wie Textquellen oder Bilder sind auch Karten mit einer bestimmten Absicht verfasst. Prüfe, welche geschichtliche Entwicklung deutlich gemacht werden soll, und formuliere zusammenfassend die Aussage der Karte.

4. Schritt: Ergänzende Informationen beschaffen
Sammle Informationen über die abgebildete Region (Lexika, Schul- und Sachbücher, Internet).
Du kannst dir auch eine moderne Karte über das Gebiet beschaffen und z. B. Vermutungen anstellen, wie sich die Vergangenheit auf die Gegenwart auswirkt.

Methodenübersicht

Historische Karten lesen und vergleichen

1. Schritt: Die Karte erschließen
Untersuche die Karte folgendermaßen:
– Was ist das Thema der Karte (Inhalt, Raum und Zeit)?
– Welche Informationen gibt die Bildunterschrift?
– Ist die Karte genordet?
– Welches Gebiet ist dargestellt, wo ist z. B. Land oder Wasser?
– Welche Zeichen, Symbole, Farben sind zu erkennen? Was könnten sie bedeuten?
– Zu welchem Zweck könnte die Karte angefertigt worden sein; gab es z. B. Auftraggeber?
– Welche Gesamtaussage hat die Karte?
– Welche Fragen sind nur mithilfe weiterer Informationen zu beantworten?

2. Schritt: Gemeinsamkeiten und Unterschiede
Vergleiche die Einzelheiten der beiden Karten (Ebstorfer Weltkarte und Karte von Martin Waldseemüller), z. B. die Datierung, die Art der Darstellung, das Land-Wasser-Verhältnis, die Küstenverläufe, die Lage von Inseln.
Vergleiche dann die Gesamtaussage beider Karten.

3. Schritt: Ergebnisse auswerten
– Gibt es Veränderungen (z. B. im geographischen Kenntnisstand)?
– Was bedeuten die Veränderungen für das Weltbild in der damaligen Zeit?
– Welche Folgen hatte der veränderte Kenntnisstand (z. B. für die Politik, für die Seefahrt, für die Wirtschaft, die Wissenschaft)?
– Welche weiteren Informationen über die Karten hinaus sind noch vorhanden (z. B. in Begleittexten zu den Karten, in Sachbüchern)?

Kunstwerke entschlüsseln

1. Schritt: Künstlerische Auswertung
– Was ist dargestellt?
– Aus welchem Material wurde das Kunstwerk geschaffen?
– Wie wirkt das Dargestellte auf mich? Warum gefällt es mir (nicht)?
– Was wirkt fremd, was kommt mir bekannt vor?
– Wie bildet der Künstler die Personen bzw. Gegenstände ab? Achte auf Einzelheiten des menschlichen Körpers und der abgebildeten Gegenstände.

2. Schritt: Historische Auswertung
– Wann, wo und zu welchem Zweck ist das Kunstwerk entstanden? Beachte die Bildlegende.
– Welche Informationen vermittelt das Dargestellte über den Alltag der damaligen Zeit? Beachte z. B. die Kleidung, Frisur und Einrichtungsgegenstände.
– In welcher Beziehung stehen die dargestellten Personen zueinander?
– Wird durch die Größe und Anordnung der Figuren eine Rangordnung zum Ausdruck gebracht?

Mit Grafiken und Schaubildern arbeiten

1. Schritt: Formale Analyse
Im Unterricht wird – abgesehen von eigenen Archivarbeiten – meistens bereits bearbeitetes und gedrucktes Material verwendet. Deshalb kannst du die Analyse darauf beschränken, Vollständigkeit und erstes Verständnis der Daten zu überprüfen.

2. Schritt: Inhaltliche Analyse
– Was ist Thema des Schaubildes?
– Wie ist es aufgebaut?
– Was ist im Einzelnen dargestellt?
– Welche Aussagen lassen sich formulieren?
– Sind sie untereinander stimmig?
– Welche Hauptaussage ist möglich?
– Bleiben Fragen offen?

3. Schritt: Historischer Zusammenhang
Thema und Aussagen der Statistik solltest du in den geschichtlichen Zusammenhang einordnen.
– Gibt es einen Bezug zu anderen Informationen (Materialien)?
– Ergänzen oder widersprechen sie sich?
– Welche weiteren Informationen werden benötigt?

4. Schritt: Bewertung der Aussagekraft
Hier sollten die vorliegenden statistischen Daten insgesamt bewertet werden.
– Ist der Ausschnitt der Daten zu gering?
– Wird der Sachverhalt zu stark vereinfacht, verzerrt oder vielleicht verfälscht?

Methodenübersicht

Eine Exkursion durchführen

1. Schritt: Informationen besorgen
– Institution kontaktieren

2. Schritt: Exkursion organisieren
– Termin, Verkehrsmittel, Kosten usw. klären

3. Schritt: Themen in der Schule vorbereiten
– Informationsmaterial sichten, ergänzen, Schwerpunkte/Themen/Projekt festlegen; Gruppeneinteilung; „Forschungsfragen" formulieren, für weitere Fragen offen bleiben

4. Schritt: Orientierung und Entdeckungen
– Erster Überblick vor Ort; „Experten" treten in Aktion; Gruppenarbeit

5. Schritt: Befunde auswerten und dokumentieren
– Gruppenberichte, Entscheidung über Art der Dokumentation: z. B. Exkursionsbuch, Wandzeitung, Spielszenen (Hörspiel), Reportage

Zeitzeugen befragen

1. Befragung vorbereiten
– Thema der Befragung klären und einen inhaltlichen Überblick verschaffen (Schul-/Sachbücher, Internet).
– Zeitzeugen finden (Familie, Bekannte, über die Stadtverwaltung, im Stadtarchiv, bei Kirchen).
– Ort, Zeit und Ablauf des Gesprächs klären (mehrere Zeitzeugen gleichzeitig einladen?).
– Fragen vorbereiten. Entscheiden, ob eher offene Fragen („Bitte erzählen Sie uns etwas über …") gestellt oder nach einer festen Fragenanordnung vorgegangen werden soll.

2. Schritt: Befragung durchführen
– Für eine angenehme Atmosphäre sorgen, Begrüßung; Gesprächsleitung und Dauer der Befragung absprechen. Fotos (mit Einverständnis!) machen.
– Je nach Absprache und Vereinbarung Aufnahmegeräte starten und/oder Protokoll führen.
– Die Befragung von einer Kleingruppe durchführen lassen.
– Kurze Fragen stellen, nicht mehrere hintereinander.

– Reine Entscheidungsfragen (Ja- oder Nein-Antwort) möglichst vermeiden, damit differenziertere Antworten möglich sind (teils, teils; sowohl – als auch …).
– Dank, Verabschiedung.

3. Schritt: Ergebnisse auswerten, bewerten und präsentieren
– Die Auswertung geschieht am besten in Gruppen.
– Eindrücke austauschen (Verständlichkeit, Glaubwürdigkeit der Aussagen/Erzählung).
– Informationen mit den bisherigen Kenntnissen vergleichen.
– Stimmen Antworten und Hypothesen bzw. Fakten überein?
– Welchen Erkenntnisgewinn gibt es nach der Befragung?
– Eigene Gesprächsführung (Fragen, Gesprächsführung) kritisch bewerten.
– Auf Präsentation einigen (Text- und/oder Bilddokumentation, Ausstellung, Mappe).

Experten befragen

1. Schritt: Fragen sammeln
– Fragenkatalog zusammenstellen, nach Themen ordnen

2. Schritt: Kontakt aufnehmen
– Besprechen, wer eingeladen werden soll; Kontakt aufnehmen; Fragenkatalog evtl. vorher mitteilen

3. Schritt: Befragung vorbereiten
– Termin vereinbaren, Dauer der Befragung, Gesprächsführung festlegen, Raum vorbereiten, Protokollführung klären

4. Schritt: Befragung durchführen
– Begrüßung, Vorstellung, Namensschilder, Fragenkatalog beachten, Aufzeichnung des Gesprächs (Ton, Bild) vorher (!) klären; Dank am Schluss

5. Schritt: Antworten auswerten
– Antworten bewerten; sind Lücken geblieben? Warum? Hat sich der Expertenbesuch gelohnt?

Methodenübersicht

Das Internet nutzen

1. Schritt: Suche durchführen
Du lässt zunächst eine Internet-Suchmaschine nach dem Stichwort suchen. Solche Suchmaschinen sind zum Beispiel Altavista (www.altavista.de), Google (www.google.de) oder die spezielle Kinder-Suchmaschine www.blinde-kuh.de. Wenn du die Internetadresse eingibst, erscheint eine Startseite mit einem Suchfeld, in das du den Begriff schreibst.

2. Schritt: Suchabsicht festlegen; Überblick über das Suchergebnis verschaffen
Lege vorher genau fest, worüber du Informationen finden möchtest. Du erhältst mithilfe der Suchmaschine eine Auswahl von Internetadressen. Lies zuerst die Überschriften und die Kurzerläuterungen in der Liste und überlege, welche Adressen für dich brauchbar sein könnten.

3. Schritt: Ergebnisse ordnen
Schau dir die angebotenen Informationen an. Achte dabei aber nicht nur auf die Bilder und Texte, sondern prüfe auch, wer die Seite verfasst hat. Handelt es sich um ein Unternehmen, das ein Produkt verkaufen will? Stehen die Informationen auf einer privaten Homepage oder sind es Veröffentlichungen einer Gemeinde, einer staatlichen Einrichtung (z. B. Museum, Universität)?

4. Schritt: Informationen speichern
Wenn du über das Wissen, das du durch deine Internetsuche neu erworben hast, länger verfügen willst, musst du die Informationen in geeigneter Weise speichern, z. B. als Favoriten, Texte und Bilder als Dateien speichern oder ausdrucken. Manchmal ist es auch sinnvoll, sich handschriftliche Notizen zu machen.

Informationen aus dem Internet bewerten

1. Schritt: Fragen zum Urheber (Autor)
– Ist der Urheber (Autor) der Information (des Materials) angegeben?
– Steht eine bestimmte Institution (z. B. eine Universität) dahinter?
– Lässt sich das Verhältnis des Autors zum Sachverhalt erkennen (z. B. eine wissenschaftliche Arbeit)?
– Wird eine bestimmte Position vertreten?

2. Schritt: Fragen zum Material
– Ist ein Datum der Erstellung (Aktualisierung) angegeben?
– Entspricht das Material fachlichen (wissenschaftlichen) Ansprüchen?
– Ist die Information schlüssig oder widersprüchlich?
– Enthält das Material Quellen als Belege für die Aussagen?
– Gibt es weiterführende Hinweise (Quellen, Literatur, Links)?

3. Schritt: Fragen zum User
– Werden Empfänger oder Zielgruppen genannt?
– Ist die wiederholte Erreichbarkeit des Servers, bei dem das Material liegt, gewährleistet?
– Steht die Ladezeit in einem gerechtfertigten Verhältnis zum Informationsumfang?

Eine Bibliothek benutzen

1. Schritt: Besuch vereinbaren
Eine Führung absprechen und Übungen zur Benutzung der Kataloge vereinbaren.

2. Schritt: Katalog suchen
Der „Katalog" ist ein Verzeichnis, in dem alle Bücher der Bibliothek aufgezeichnet sind. Er enthält alle Angaben zu den Büchern, die auch zur Ausleihe nötig sind. Inzwischen ist die Suche nach Buchtiteln in den meisten Bibliotheken auch mit dem Computer möglich.

3. Schritt: Katalog benutzen
Es gibt immer einen Autoren- und einen Schlagwortkatalog. Der Schlagwortkatalog erleichtert den Einstieg in ein Thema.

4. Schritt: Informationen festhalten
Notizen aus den Büchern usw. solltest du ordnen und zum Beispiel in einem Hefter sammeln.

Methodenübersicht

Informationen präsentieren

1. Schritt: Thema, Ziel und Form des Vortrags klären
– Ziel des Referats, Inhalte, Medien, Zeitvorgabe festlegen; Zielgruppe!

2. Schritt: Inhalte vorbereiten
– Material auswählen, ordnen (z. B. in Themenblöcke, Fragen, Thesen); Gliederung in Einleitung, Hauptteil und Schluss beachten.

3. Schritt: Präsentation üben
– Medium auswählen; Visualisierung verständlich gestalten, vorher üben; Stichwörter: An welchen Stellen soll etwas visualisiert werden?

4. Schritt: Präsentation
– Prüfen, ob alle Medien/Materialien in der richtigen Ordnung sind; Präsentation möglichst ruhig vortragen, Blickkontakt mit den Zuhörern halten; dem Publikum nach dem Vortrag Zeit für Fragen oder für eine Diskussion lassen.

Einen Historienfilm untersuchen

1. Schritt: Beobachtungshinweise klären
– Was wird in der Szene dargestellt?
– Welche Personen treten auf?
– In welcher Beziehung stehen die Personen zueinander?
– In welcher Umgebung handeln die Personen?
– Welche Handlung wird durch die Abfolge der Bilder erzählt?
– Wie wird etwas dargestellt?
– Welche Position nimmt die Kamera ein (z. B. Nahaufnahme)?
– An welchen Stellen wird ein Schnitt (Unterbrechung einer Aufnahme) gemacht?
– Welche Musik wird eingesetzt?

2. Schritt: Beobachtungen zusammenfassen
Eine Tabelle anlegen:
Bildebene
– Handlungsort
– Personen
– Geschehen

– Kameraführung
– Farbgebung
– Licht
– Schnitte
Sprache
– inhaltliche Aussagen der Personen
– Sprechweise (z. B. aggressiv, fordernd, belehrend, eingeschüchtert, sachlich erzählend)
Ton
– Wirkung der Musik (z. B. untermalend, dramatisierend)
– Hervorhebung von Geräuschen (z. B. Prasseln eines Feuers)

3. Schritt: Vergleich mit historischen Quellen
– Wie verhält sich die Darstellung zu historisch belegten Quellen?
– Welche Ausschnitte werden gezeigt, welche werden ausgespart?
– Welche Mittel werden im Film eingesetzt, um Aufmerksamkeit und Spannung zu erregen?

Ein Denkmal interpretieren

1. Schritt: Einzelheiten erfassen
– Was ist dargestellt?
– Aus welchen Teilen (Material) besteht das Denkmal?
– In welcher Beziehung stehen Figuren und Gegenstand?

2. Schritt: Zusammenhänge erklären
– In welcher Haltung (Pose) wird die Figur dargestellt?
– In welchem Verhältnis stehen die Figuren zueinander (Rangordnung)?

– Welche Informationen werden vermittelt?
– Was weist auf geschichtliche Ereignisse hin?

3. Schritt: „Aussagen" beurteilen
– Wann, wo und für welchen Zweck wurde das Denkmal erstellt?
– Welches Bild soll den Nachkommen präsentiert werden? Entspricht dieses Bild den historischen Ereignissen?
– Spiegelt sich in der Gestaltung die Kunstepoche wider?

Methodenübersicht

Symbole deuten

1. Schritt: Einzelne Elemente beschreiben
– Was ist dargestellt? Wie sind Personen (Gegenstände) dargestellt?
– Wie lässt sich die Situation beschreiben?

2. Schritt: Zusätzliche Informationen heranziehen
– Welche Hinweise gibt die Bildunterschrift?
– Evtl. Symbollexikon heranziehen.

3. Schritt: Symbolische Bedeutung der Bildelemente klären
– Welche Gegenstände und Handlungen lassen sich symbolisch deuten? Was sollen sie bedeuten?

4. Schritt: Eine Gesamtdeutung formulieren
– Welche Gesamtaussage lässt sich formulieren? Deutungsvielfalt?

Texte aus Jugendbüchern erarbeiten

1. Schritt: Text und historischen Hintergrund erschließen
– Inhalt des Textes? Hauptpersonen? Sicht der Hauptpersonen? Bezug zu Personen/Ereignissen? Geschichtliche Zusammenhänge?

2. Schritt: Die Darstellungsweise kritisch hinterfragen
– Motive, Ziele der Personen? Erklärung von geschichtlichen Lebensformen? Wertungen?

3. Schritt: Die Nähe zu eigenen Erfahrungen reflektieren
– Bezüge zu eigenen Erfahrungen und Situationen? Distanz oder Nähe zu den handelnden Personen? Aufforderung zu eigenem Denken und Handeln?
– Gibt der Text Anlass, sich mit aktuellen Themen auseinander zu setzen?

Einen historischen Sachverhalt klären

1. Schritt: Material suchen und zusammentragen
– Lege fest, worüber du Informationen finden willst (z. B. Gründungsdatum deiner Stadt, Geschichte einer besonderen Sehenswürdigkeit).
– Recherchequellen: Internet, Stadtmuseum, Stadtarchiv, Informationsstellen der Stadt

2. Schritt: Material sichern und auswählen
– Texte kopieren, Notizen, Internetdateien herunterladen, speichern; ausdrucken, abheften usw.; „Infomüll" aussortieren

3. Schritt: Ergebnisse vergleichen und bewerten
– Informationsquellen und Informationen bewerten: Dauer der Suche? Ergiebige Anworten? Ist der Sachverhalt mit diesen Informationen zu klären?

Register

1
1961: Mauerbau 80

A
Absolutismus 44
Absolutismus, Aufgeklärter 45
Adel 32
Adenauer, Konrad 83
Adolf Hitler 74
Altsteinzeit 8
Alfred Krupp 59
Antike 6
Antisemitismus 72 f.
Arbeiterbewegung 57
Archäologie 8
Aristokratie 16
Athen, Blütezeit 17
Atlantik-Charta 77
Aufgeklärter Absolutismus 45
Aufklärung 45
Augustus/Octavian 23

B
Balkankriege 65
Beginn der Reformation 41
Bertha von Suttner 67
Bismarck, Otto von 63
Blum, Robert 55
Blütezeit Athens 17
Brandt, Willy 83
Brehm, Erna 74
Bronzezeit 9
Bürger 33

C
Caesar 23
Cecil Rhodes 67
Christentum 25
Code civil 49

D
Demokraten 53
Demokratie 17
Deutscher Bund 52
Deutsche Frage 80 f.
Diktator 21
Dreißigjähriger Krieg 41
Dritte Welt 77

E
Ebert, Friedrich 71
Eisenzeit 9
Ende des Heiligen Römischen Reichs 49
Entdeckung Amerikas 40
Entnazifizierung 80
Ermächtigungsgesetz 72
Erna Brehm 74

Eroberung Konstantinopels 37
Europäische Einigung 81

F
Fabrik 56
Franken, Reichsbildung 24
Friede, Westfälischer 41
Friedrich Ebert 71
Friedrich Hecker 55
Friedrich II. (Staufer) 39
Friedrich II. (von Preußen) 46
Frühmensch 8
Fugger, Jakob 43
Fürst von Metternich 54

G
Gagern, Wilhelm Heinrich von 54
Gewaltenteilung 45
Gewerkschaften 57
Ghandi, Mahatma 78
Ghetto 33
Glasnost 77
Gleichgewichtspolitik 45
Gleichschaltung 72
Goldene Bulle 36
Gorbatschow, Michail 78
Gouges, Olympe de 50
Gregor VII. 31
Grundherrschaft 32

H
Hatschepsut 15
Hausmeier 25
Hecker, Friedrich 55
Heer, Stehendes 44
Heinrich IV. 31
Hellenismus 17
Herzog 28
Hieroglyphen 13
Hildegard von Bingen 27
Hindenburg, Paul von 70
Hitler, Adolf 74
Hochkultur 12
Humanismus 40

I
Ilias 17
Immanuel Kant 47
Imperialismus 64
Imperium 21
Industrialisierung 56
Inflation 68
Investiturstreit 29
Islam 24

J
Jakob Fugger 43

Johanna von Orléans 39
Judentum 13
Jungsteinzeit 9

K
Kaiser 28
Kaiserreich, deutsches 60 f.
Kaiserreich (Rom) 21
Kalter Krieg 76
Kant, Immanuel 47
Karl der Große 30
Karl Marx 59
Klientel 20
Kloster 25
Kolonialismus/Kolonie 64
Kolonisation 16
Kommunismus 57
Kongo-Konferenz 64
König 28
Konrad Adenauer 83
Konstantinopel, Eroberung 37
Konstitutionelle Monarchie 45
Konsul 20
Konzentrations- und Vernichtungslager 73
Kreuzzug 29
Krieg, Dreißigjähriger 41
Krupp, Alfred 59
Kulturkampf 61
Kurfürsten 37

L
Lehnswesen 28
Leonardo da Vinci 43
Liberale 53
Limes 21
Ludwig XIV. 46
Luther, Martin 43

M
Maastricht-Vertrag 81
Machtergreifung 72
Mahatma Ghandi 78
Manufaktur 44
Martin Luther 43
Marx, Karl 59
Mauerbau 1961 80
Maximilien de Robespierre 50
Menschen- und Bürgerrechte 48
Merkantilismus 44
Metallzeit: Bronzezeit/Eisenzeit 9
Metternich, Fürst von 54
Michail Gorbatschow 78
Militarismus 61
Mittelalter 7
Mohammed 27
Monarchie, Konstitutionelle 45

Register

Mönche und Nonnen 25
Mönchtum 25
Monotheismus 13
Münchener Abkommen 73

N
Napoleon 51
Nation 49
Nationale 53
Nationalismus 60
Nationalkonvent 48
Nationalstaat 60
Nationalversammlung 48
NATO 76
Neolithische Revolution 9
Neuzeit 7
Nomadentum 9
Nonnen und Mönche 25
Nord-Süd-Konflikt 77
Nürnberger Gesetze 73

O
Odyssee 17
Octavian/Augustus 23
Olympe de Gouges 50
Olympische Spiele 16
Ostsiedlung 37
Ostpolitik/Entspannungspolitik 80
Osterweiterung der EU 81
Otto von Bismarck 63

P
Papsttum 24
Parlament 36
Partei 60
Patrizier 20
Paul von Hindenburg 70
Perestroika 77
Perikles 19
Pharao 12

Pharao Tutanchamun 15
Polis 16
Polytheismus 13
Potsdamer Konferenz 80
Präsidialkabinette 69
Prinzipat 21
Proletariat 56
Pyramiden 13

R
Reformation, Beginn 41
Reichsbildung der Franken 24
Reichskirche 28
Reichsstadt 33
Reichstagsbrandverordnung 72
Renaissance 40
Reparationen 68
Republik 20
Revolution 48
Rhodes, Cecil 67
Ritter 32
Robert Blum 55
Robespierre, Maximilien de 50
Rosa Luxemburg 70

S
Schöpfung 9
Senat 20
Sklaverei 17
Solon 19
Sozialdarwinismus 64
Soziale Frage 57
Sozialgesetze 57
Sozialismus 57
Sozialismus/Kommunismus 57
Sozialistengesetz 61
Sozialpolitik 57
Staat, Verwaltung 12
Staatsreligion 24
Stadtrecht 33

Ständewesen 32
Stehendes Heer 44
Sulla 23
Suttner, Bertha von 67

T
Territorialstaat 36
Tutanchamun 15

U
Ulbricht, Walter 83
UNO 79

V
Verdun 65
Verfassung 53, 55
Verlage 44
Versailler Vertrag 68
Verträge zur Deutschen Einheit 81
Verwaltung 12
Vinci, Leonardo da 43
Völkerbund 65
Völkerwanderung 24

W
Währungsreform 80
Walter Ulbricht 83
Warschauer Pakt 76
Weimarer Verfassung 68, 70
Weltwirtschaftskrise 69
Westfälischer Friede 41
Wiener Kongress 52
Wilhelm Heinrich von Gagern 54
Wilhelm II., deutscher Kaiser 66
Willy Brandt 83

Z
Zunft 33

Bildquellen

Action press: 5.14, 81; akg-images: Umschlagbild 5., 4.3, 4.6, 4.7, 4.8, 4.13, 4.15, 5.9, 5.10 (Erich Lessing), 5.11, 5.12, 5 Hintergrund u. l., 16, 17 r., 21, 24, 28, 31 l., 34, 36, 39 o. u. u. r., 43 l., 44, 46 l., 51 (Erich Lessing), 54 l., 55 l. u. r., 59 r., 67 r., 74 l., 78 l., 83 l., r.; Archäologische Sammlung München, Foto: M. Eberlein: 9 l.; Bayerische Staatsbibliothek, München: U1 o., 31 l.; Bilderberg, Hamburg/Thomas Ernsting: 5.1, 7, 10 1-4; bpk: Umschlagbild 6., 4.2, 4.4, 5.3 (Hermann Buresch), 5.4, 5 Hintergrund r., 12 r., 19 l., 20 l., 38, 46 r., 47 l., 48, 54 r., 60, 63, 67 u. l.; Braunschweigisches Landesmuseum, Braunschweig: 5.5, 29; Bundesbildstelle Berlin/Engelbert Reineke: 4.17, 83 M.; Coral Library: 10. r.; Deutsches Museum, München: 4 Hintergrund u., 56; DHM, Berlin: 5.13, 70 l., r.; Fürstlich und Gräflich Fuggersches Familien- und Stiftungsarchiv, Privatbesitz: 43 M.; Germanisches Nationalmuseum, Nürnberg: 4.11, 40 r.; Haus-, Hof- und Staatsarchiv, Wien – Fotostudio Otto: 5.7, 37; Hirmer Verlag, München: Umschlagbild 2, 23 o. l.; aus: B. Klingel/B. Schaber/S. Spengler, Fremdarbeiter und Deutsche, Bad Liebenzell 1984: 74 r.; Landesbibliothek Mecklenburg-Vorpommern, Schwerin: 5.8, 41; Landesdenkmalamt Baden-Württemberg, Stuttgart: 9. r.; Lucca, Biblioteca Statale: 27; Münzkabinett der Staatlichen Museen, Berlin: 30 o.; Nationalmuseum Stockholm: 4.9, 43 r.; Photo Archive Jürgen Liepe: 5.2, 13, 15 1-3; Photo Scala, Florenz: 20 r.; picture-alliance/akg-images: Umschlagbild 1., U1 u., 4.14, 4.16, 65, 66; picture-alliance/dpa/dpa-Fotoreport: 4.12, 78 r.; picture-alliance/Bildagentur Huber: 4 Hintergrund o., 12 l.; picture-alliance/maxppp: 59 l.; Piermont Morgan Library, N.Y.: Umschlagbild 4.; Marc Riboud/Magnum/FOCUS: 76; Staatliche Münzsammlung, München: Umschlagbild 3., 4.5, 23 u. l.; sz-photo: 71; The British Museum, London: 4.10, 5.6, 25, 40 l., 50 o. l.; ullstein bild: 67 o. l., 68; Vatikanisches Museum: 23 r.; Württembergisches Landesmuseum: 4.1, 8

Die CD-ROM

Programm starten und installieren

Um das Programm zu starten, lege die CD-ROM in dein CR-ROM-Laufwerk ein. Die CD startet automatisch. Sollte dies nicht der Fall sein, öffne den Explorer und klicke das CD-Symbol doppelt. Das Programm öffnet sich. Du hast nun die Wahl das Programm auf deinem Computer zu installieren. Wählst du diese Variante, so kannst du das Programm später direkt aus deinem Startmenü unter **Programme → Cornelsen → Grundwissen Geschichte** aufrufen. Auch wird ein Symbol auf deinem Desktop angelegt, über welches du das Programm direkt starten kannst.

Wählst du „ohne Installation starten" gelangst du gleich zur Startseite.

Startseite

Die Startseite zeigt dir die drei großen Themengebiete „Antike", „Mittelalter" und „Neuzeit". Mit Klick auf die Symbole auf dem Zeitstrahl kannst du dir die Kapitel der Zeitalter (wie du sie auch im Arbeitsheft findest) ansehen. Um ein Kapitel auszuwählen klicke einfach auf den dazugehörigen Button.
Möchtest du zwischen den Zeitaltern und den Kapiteln wechseln, so nutze links oben, das Pull-Down-Menü. Klicke den Pfeil nach unten an und wähle das gewünschte Kapitel aus.

Oberfläche

Klicke dieses Symbol, wenn du das Programm minimieren möchtest.
Du findest es in deiner Taskleiste wieder.

Klicke dieses Symbol, wenn du das Programm beenden möchtest. Dein Lernstand wird auf deinem Computer gespeichert.

Klicke dieses Symbol, wenn du sehen möchtest, welche Aufgaben du schon erfolgreich gelöst hast.

Klicke dieses Symbol, wenn du die aktuell angezeigte Seite ausdrucken möchtest.

Klicke auf dieses Symbol, um die Lautstärke einzustellen.

Über dieses Symbol rufst du die Hilfe auf. Sie kann dir nützliche Hinweise zur Lösung der Aufgaben geben.

Bildquellen CD-ROM

Kap 01: Titel: akg-images; 01.02: Thomas Ernsting/Bilderberg; 01.03: Faustkeil: Württembergisches Landesmuseum Stuttgart, Pfeilspitze: Landesmuseum für Vorgeschichte, Dresden; Kap 02: Titel: bpk, 02.03:bpk; Kap 03: Titel: Archivio e Servicio Fotografico dei Musei Vaticani, Kap 04: Titel: © VG Wort, 1999 (Les Editions, Albert René,Paris) Kap 05 Titel : akg-images ; Kap 06: Titel: akg-images; Kap 07: Titel: SCALA Florenz, 04.01: P. M. Perspektive, Die Welt der Ritter, The Pierpont Morgan Library, New York (Bauern), Giraudon, Paris (Handwerker), 07.06: FWU; Kap 07: Titel: akg-images, 07.04: bpk; Kap 09: Titel: bpk, 09.01: bpk, 09.03: akg-images (Leonardo da Vinci), Fürstlich und Gräflich Fuggersches Familien- und Stiftungs-Archiv (Jakob Fugger), Nationalmuseum Stockholm (Martin Luther); 09.04: picture-alliance/akg-images; Kap 10: Titel: akg-images, 10.06 akg-images (Ludwig XIV., Kant); Kap 11: Titel: akg-images, 11.02: akg-images (Klerus, Adel,), akg-images [Erich Lessing] (Bauer], 11.03: Giraudon, Paris, 11.05: DHM; Kap 12: Titel: bpk, 12.06: Text: Ferdinand Freiligrath, Melodie nach Lady Mackintosh's Reel, Ausführende: Thomas Friz, Aufnahme: Klett/Friedrich; Kap 13: Titel: bpk, 13.03: bpk; Kap 14: Titel: akg-images, Kap 15: Titel: Cornelsen-Archiv, Berlin; Kap 16: Titel: Berlinische Galerie, 16.05:DRA; Kap 17: Titel: bpk, 17.01/17.04: DRA, 17.05: A. Spiegelman/Rowohlt; Kap 18: Titel: ullstein bild; Kap 19: Titel: dpa bildarchiv